5~7세 아이를 위한
공부 · 생활습관 틀잡기

준비된 아이가
성공한다

준비된 아이가 성공한다

5~7세 아이를 위한 공부 · 생활습관 틀잡기

초판 1쇄 발행일 2005년 3월 7일
초판 3쇄 발행일 2005년10월 17일

지은이 | 김숙희
펴낸이 | 권성자
펴낸곳 | 아이북
주소 | 136-032 서울 성북구 동소문동 2가 16 청암빌딩 7층
출판등록 | 10-1953호 (2000년 4월 18일)
전화번호 | (02)3672-7814
팩시밀리 | (02)745-5994
E-mail | ibookpub@hanmail.net
http://www.makingbook.net

ISBN 89-89968-11-9 03370
ⓒ 김숙희 2005. Printed in Seoul

값 9,800원

5~7세 아이를 위한
공부 · 생활습관 틀잡기

준비된 아이가
성공한다

김숙희 지음

ⓘ아이북

취학 전 어린 아이를 둔 후배 엄마에게 드리는 글

아이가 어릴 때, 지금이 기회입니다

"내가 지금 아기를 낳아 키우면 정말 잘 키울 수 있을 텐데 말이야. 시간을 거꾸로 돌릴 수도 없고, 그렇다고 지금 하나 더 낳을 수도 없고. 후회 막급이라니깐…"

"맞어 맞어. 지금 생각해보면 그땐 왜 그런 걸 몰랐을까? 지금 옛날로 돌아가면 엄마 노릇 잘할 수 있을 거야…. "

엄마들끼리 모여 지난 일들을 놀이키며 흘려버리는 말이지만 그 말 속에는 엄마들의 진심이 그대로 녹아들어 있습니다. 17년차 엄마 노릇을 하면서 저도 많은 시행착오를 겪어왔습니다. 지금 이 순간에도 제가 미처 깨닫지 못하는 사이 나중에 후회할 잘못을 저지르고 있을지도 모릅니다. 분명히 그럴 것입니다. 나이 사십 줄을 넘기고 아이가 중·고등학생이 되고나서야 '아! 어릴 때 이렇게 했으면 좋았을 텐데…' 하는 회한의 눈물을 흘리고 있는 사람이 바로 '저' 이기 때문입니다.

'엄마 노릇이 무엇인지?' '어떤 엄마가 되어야 하는지!' 아무 생각 없이, 아무 준비 없이 엄마가 된 후 친정 부모님이 정해주신 이름보다 '누구누구의 엄마' 라는 이름이 더 많이 불리어지게 되었고,

이제는 '누구 엄마' '누구 어머니' 라는 이름이 훨씬 더 자연스러울 정도로 '엄마' 라는 역할과 자리에 익숙해졌습니다. 그런데도 두 아이의 엄마로서는 항상 초보엄마 수준을 면치 못한 채 '우리 아이 키울 때에는 왜 그런 생각을 하지 못했지? 왜 그렇게 하지 못했을까?' 후회를 하고 반성을 하게 됩니다. 그래서 엄마 노릇 하기가 어렵다고 하나 봅니다.

십여 년간 자녀교육과 관련된 일을 하면서 저는 많은 엄마들을 만나보았습니다. 공부 때문에 아이와 매일 싸우는 엄마, 함께 놀 친구가 없어 외톨이로 지내는 아이 때문에 눈물을 흘리는 엄마, 제멋대로 행동하는 아이로 인해 학교에 불려다니는 엄마, 학원이다 과외다 많은 사교육비를 쏟아부으며 로드매니저 역할을 하고 있는데도 아이 성적이 신통치 않아 기운이 빠져버린 엄마, 공부는 잘하는데 짜증을 내고 신경질을 부리는 아이 때문에 우울증에 걸린 엄마 등….

저를 비롯해 사춘기 아이를 두고 있는 많은 선배엄마들이 '왜 어릴 때 제대로 가르치지 못했는지!' 후회하고 있습니다. 물론 "나도 최선을 다하려고 노력했어. 그런데 그 때는 젊어서 잘 몰랐어. 어떤 것이 정말 중요한 건지 미처 깨닫지 못했던 거야."라고 자기 합리화를 해보기도 합니다. 하지만 이미 다 커버린 사춘기 아이를 상대로 싸우는 일이란 계란으로 바위를 치는 격이어서 엄마만 깨져버리는 깊은 상처를 입게 됩니다.

집안일을 돕기는커녕 자기 방 정리조차 하지 않는 아이에게 "제

발 네 방 정리는 네가 좀 해라." 하고 소리치면서, 만화와 컴퓨터 게임에 빠져 있는 아이에게 "이제 그만하고 공부도 좀 해야지."라고 애원하면서, 글씨가 엉망이어서 알아보지 못하는 아이 공책을 보며 "이게 손으로 쓴 거니 발로 쓴 거니? 이러니까 수행평가가 엉망이지. 최소한 다른 사람이 읽을 수는 있어야 하지 않겠니?"라고 잔소리하면서 '왜 내가 어릴 때 기본교육을 제대로 시키지 못했나?' 제 발등을 찍고 싶은 기분입니다.

어디 그뿐인가요? 아침에 안 일어나는 아이를 억지로 깨워 학교에 보내면서, TV에만 빠져있는 아이를 지켜보면서, 친구에게 말하는 것인지 어른에게 말하는 것인지 구분이 가지 않는 반말쟁이 아이와 이야기하면서, 공부의 '공' 자만 꺼내도 짜증부터 내는 아이를 보면서, 혼자서는 아무 것도 못하는 아이 준비물을 챙겨주면서, '왜 내가 유아학교 때, 아니 더 어릴 때 제대로 생활습관 교육을 시키지 못했을까?' 후회하고 또 후회합니다.

물론 설득을 해보기도 하고 야단을 쳐보기도 하고 화를 내보기도 하고 애원도 해봅니다. 하지만 꿈쩍도 하지 않는 아이를 바라보는 엄마 심정은 기가 막히다 못해 참담합니다. 하지만 곧 물도 차면 넘친다고 가끔씩은 참지 못하고 아이의 잘못된 행동에 대해 속사포처럼 퍼부을 때가 있는데 그 때 아이의 반응은 '우리 엄마 기분이 나빠 괜히 나에게 신경질부린다' 는 식이어서 어이가 없습니다. 잘못된 생활습관을 바로잡는 것이 얼마나 힘든 일인지 깨닫는 순간 스르르 힘이 빠져 버립니다. 이것이 지금 바로 중·고등학생 아이를 둔 선배엄마들의 어려움입니다. 후배엄마들은 선배엄마들의 이러한 시행착오를 겪지 말라고 진심으로 말해주고 싶습니다.

먼저, 바른 생활 습관을 들여주세요

아이가 어릴 때에는 꼭 가르쳐야 할 것들이 있습니다. 일찍 자고 일찍 일어나기, 규칙 잘 지키기, 예의바르게 행동하기, 자기 물건 자기가 정리하기, 자기 일은 자기 스스로 하기, 약속 잘 지키기, 거짓말 하지 않기, 다른 사람 배려하기, 주어진 일에 최선을 다하기 등 생활습관과 태도에 관련된 것입니다. 이러한 기본 교육을 무시한채 엄마의 욕심으로 아이를 사교육 시장으로만 내몰거나 예쁘고 사랑스럽다고 마냥 방치해두면 사춘기 이후 아이와 힘든 시간을 보낼 수 있습니다.

취학 전 유아들에게 가장 중요한 기초교육은 올바른 생활습관, 공부습관을 들여주는 것입니다. 올바른 습관이 몸에 밴 아이에게는 이래라 저래라 잔소리할 필요가 없습니다. 스스로 알아서 하기 때문입니다.

엄마 노릇을 하다보면 때때로 외롭고 힘들다고 느껴질 때가 있을 것입니다. 그럴 때에는 혼자서 큰 짐을 다 짊어지려 하지 말고 주변에 있는 다양한 연령층의 선배엄마의 경험담을 들어보라고 말해주고 싶습니다. 초등학교, 중학교, 고등학교 선배엄마들의 이야기를 들어보면 '지금 이 시간 내가 무엇을 해야 하는지?' 해답을 찾을 수 있을 것입니다.

취학 전 어린 아이들은 이제 막 뿌리 내릴 묘목과 같은 존재라고 할 수 있습니다. 어떤 땅에 어떤 비료를 주느냐에 따라 예쁜 꽃과 꼭 필요한 열매를 맺을 수 있는 크고 건강한 나무로 자랄 수도 있고, 반대로 꽃도 열매도 맺지 못한 채 누렇게 시들어가는 건강하지 못한 나무로 자랄 수도 있습니다. 기름진 토양과 따뜻한 햇볕이 있어야 좋은 나무로 자랄 수 있듯이 어린 아이에게도 따뜻한 엄마 아빠의 사랑과 관심 그리고 아이에게 맞는 적절한 교육이 있어야 이 사회에서 꼭 필요한 훌륭한 사람으로 성장할 수 있습니다. 내 아이를 21세기 리더로 키우고 싶다면 유아기 때인 지금이 바로 기회입니다. 지금부터 준비시키십시오. 준비된 아이는 어떤 변화가 온다해도 두려워하지 않고 씩씩하게 앞으로 나아갈 수 있습니다.

저를 비롯해 많은 중·고등학생 아이를 둔 선배엄마들의 과거 육아와 교육 체험을 통해 취학 전 아이들에게 꼭 가르쳐야 할 것, 미리 준비시켜야 할 것을 꼼꼼히 찾고 또 찾아 한데 모았습니다. 선배엄마의 경험과 현직 초등학교 교사의 조언에서 나온 진솔한 이야기이기 때문에 취학 전 어린 아이를 키우고 있는 후배엄마들에게 도움이 되리라 생각됩니다. 이 책이 아이들의 초등학교 입학은 물론이고 성장해 10년 후, 20년 후 성공하는 아이로 키우는 준비과정으로 도움이 되길 진심으로 바랍니다.

2005년 2월
김숙희

Part 2
입학 전 습득해두어야 할 일곱 가지 적응기술

Part 3
엄마와 함께하는 준비학습 프로그램

1. 성공적인 초등학교 6년을 위해서는 준비가 필요하다
2. 취학 전 유아교육과 초등학교 교육은 완전히 다르다
3. 우리 아이는 학교 갈 준비가 되어 있나?
4. 엄마도 학부모가 될 준비를 하자

준비된 아이는
학교생활이 즐겁고 알차다

아이의 초등학교 입학은 기쁨이자 설레는 일인 동시에 한편으로는 스트레스 받는 일이기도 하다. 초등학교에 입학하면 아이와 엄마 모두 많은 변화를 겪어야만 하기 때문이다. 이러한 변화를 어떻게 받아들이고 대처하느냐에 따라 아이의 학교생활과 당신의 학부모 생활이 달라진다.

초등학교 시기는 아이가 앞으로 살아가면서 갖게 될 자신감, 성격, 사회성, 공부 등 모든 부분에 그 향방을 결정하는 나침반과 같은 중요한 역할을 하기 때문에 그 어느 때보다도 중요하다. 첫 단추를 잘 끼워야 마지막 단추까지 잘 끼울 수 있듯 초등학교에 들어가 어떻게 학교생활을 시작하느냐에 따라 당신 아이의 초등학교 6년은 물론이고 더 나아가 중학교, 고등학교 생활도 달라지게 된다.

1 성공적인 초등학교 6년을 위해서는 준비가 필요하다

초등학교 입학은 사회로 첫발을 내딛는 과정

취학 전 어린 아이를 두고 있는 당신은 지금 어떤 걱정과 고민에 빠져 있는가?

학교에 들어가면 과연 친구를 잘 사귈 수 있을까?
혹 친구들과 어울리지 못하는 것은 아니겠지?
놀림을 당하거나 왕따, 은따를 당하는 것은 아닐까?
공부는 잘할 수 있을까?
선생님과 친구들에게 인정받을 수 있을까?
학교 가기 싫다고 하면 어떻게 하지?

친구를 때리거나 물건을 던지면 큰일인데.

말도 못하고 울면 아이들이 놀릴지도 모르는데.

집에서처럼 자기 맘대로 하면 어떻게 하지?

속셈, 미술, 피아노학원에 다니는 아이도 있다던데 우리 아이도 보내야 하나?

요즘 엄마들 아이 뒷바라지가 대단하다던데 나도 그만큼 해줄 수 있을까?

사랑스런 내 아이가 초등학교에 들어갈 만큼 자랐다는 사실에 대견함과 뿌듯함을 느끼면서도 한편으로는 이런저런 걱정과 고민에 싸여 있을 것이다.

"영희는 영어유치원에 다녀서 영어를 잘한다던데, 철수는 구구단까지 줄줄 다 외운다던데, 정우는 영재교육을 따로 받는다던데, 종이접기는 기본이고 그림도 잘 그려야 학교에 가서 선생님에게 눈에 띈다고 하던데, 보통 학습지를 두세 개씩 한다던데…"

수없이 들리는 아이들 교육에 대한 "뭐뭐 카던데" 하는 얘기는 지금 내 아이만 뒤처지고 있는 것은 아닌지 당신을 불안하게 만들 것이다. 게다가 이렇게 저렇게 해야 한다는 주변 사람들의 충고도 많아 어떤 말이 맞는 것인지 그것도 알 수 없다. 공부를 많이 시켜 학교에 보냈다는 엄마는 나중에 쉽게 배울 수 있는 것을 일찍 시키느라 아이만 고생시켰다며 후회하고, 취학통지서 받고 그냥 학교에 보냈다는 엄마는 준비가 잘된 아이들 틈바구니에서 기가 죽어 자신감을 잃어 아쉬웠다고 후회한다.

당신은 어떤가?

지금껏 혼돈 속에서 막연하게 걱정만 하고 있었다면 사랑하는 당신 아이에게 지금 꼭 필요한 것은 무엇인지 차분히 생각해 보아야 한다.

아이의 인생 전체를 놓고 볼 때, 초등학교 입학은 집이라는 작은 울타리에서 벗어나 학교라는 큰 사회로 첫발을 내딛는 매우 중요한 과정이다. '초등학교에 입학한다'는 사실은 엄마 아빠와 떨어져 가족 이외의 사람과 만나야 하고, 그 사람들과 함께 생활하면서 세상 돌아가는 이치와 이 사회에서 살아가는 방법들을 배워나가야 한다는 것을 의미한다. 무엇보다 초등학교에서는 집이나 유아학교에서처럼 마음대로 행동할 수 없다. 초등학교는 유아학교와는 전혀 다른 엄격한 규칙이 있고 누구라도 그 규칙을 지켜야 한다. 집에서는 그냥저냥 넘어가던 일도 학교에서는 꾸지람을 듣고 벌을 받을 수 있다. 또 집에서는 울면서 떼를 쓰고 고집을 피우면 엄마 아빠가 대충 요구를 들어주지만 학교에서는 절대 그렇지 않다.

아이의 초등학교 입학은 기쁨이자 설레는 일인 동시에 한편으로는 스트레스 받는 일이기도 하다. 초등학교에 입학하면 아이와 엄마 모두 많은 변화를 겪어야만 하기 때문이다. 이러한 변화를 어떻게 받아들이고 대처하느냐에 따라 아이의 학교생활과 당신의 학부모 생활이 달라진다.

초등학교 시기는 아이가 앞으로 살아가면서 갖게 될 자신감, 성격, 사회성, 공부 등 모든 부분에 그 향방을 결정하는 나침반과 같은 중요한 역할을 하기 때문에 그 어느 때보다도 중요하다. 첫 단추를 잘 끼워야 마지막 단추까지 잘 끼울 수 있듯 초등학교에 들어가 어떻게 학교생활을 시작하느냐에 따라 당신 아이의 초등학교 6년은 물론이고 더 나아가 중학교, 고등학교 생활도 달라지게 된다.

여덟 살짜리 아이에게 학교적응은 힘든 일이다

우선 아이들은 외형적인 규모에 있어서 유아학교와 초등학교가 크게 다르다고 느낀다. 유아학교는 교실이 작고 교실 수와 한 반 친구들 수도 적은데, 초등학교는 교실도 크고 친구들도 35-40명이나 될 뿐만 아니라 유아학교에서는 볼 수 없었던 커다란 칠판과 책상 그리고 의자가 많이 놓여 있다. 스크린 위에 영상을 확대해 보여주는 광학 투영기기 OHP도 처음에는 낯설기만 하다.

여기에 생활 습관과 관련해 반드시 지켜야 할 사항들도 너무나 많다. 아침에 일찍 일어나 정해진 시간 내에 등교해야 하고 수업 시간에는 옆 친구와 떠들거나 딴 짓을 해서도 안 되고 화장실도 쉬는 시간에만 가야 한다. 집에서는 모든 물건들을 내 맘대로 혼자 썼지만 학교에서는 같은 반 친구들과 함께 나눠 써야 한다. 교실이나 복도에서는 뛰어다녀서도 안 되고 모르는 선생님을 만나도 인사를 해야 한다.

학교에서는 집에서처럼 제 일을 누군가가 대신해 주지 않는다.

사물함 정리도 제 손으로 해야 하고 사용한 물건도 제자리에 갖다 놓아야 하며, 쓰레기도 직접 주워서 쓰레기통에 넣어야 한다. 급식 시간에 먹기 싫은 밥이나 반찬이 나와도 다 먹어야 하고, 먹다가 흘리거나 떨어뜨리면 직접 치워야 한다. 어디 그뿐인가? 정기적으로 시험을 봐야 하고 그 시험에서 좋은 성적을 받지 못하면 선생님이나 친구들에게 인정받기도 어렵다.

선생님과 엄마 사이에 끼여 더 힘들어지는 경우도 있다. 집에는 엄마, 학교에는 담임선생님이 있다는 사실은 기댈 언덕이 있는 든든한 일이기도 하겠지만 뭐 하나라도 잘못 했다가는 선생님과 엄마 사이에서 꼼짝 못하는 처지에 놓이게 될 수도 있다.

집에서는 엄마에게 "학교에 가면 선생님 말씀 잘 들어야 해." "발표 많이 해야 해." "친구들과 싸우지 말고 사이좋게 지내야 해." "급식 시간에는 장난치지 말고 빨리 먹어야 해. 넌 뭘 먹을 때는 너무 꾸물거리잖아." 등 '해야 해' 혹은 '하지 마' 라는 말을 수도 없이 듣는다. 학교에서는 선생님에게 "공부 시간에는 조용히 해라" "공부해야지, 왜 딴 짓을 하니." "집에 갈 때 군것질하지 말고 곧장 집으로 가야 해." "복도에서 뛰지 마라." "착한 어린이가 되어야 해." "장난치지 마라." 등 '하지 마라' 라는 말을 정말 많이 듣게 된다. 이 정도면 아이들이 받는 스트레스 강도가 어느 정도인지 짐작이 갈 것이다. 이것이 초등학교 1학년 아이의 현실이다.

이 많은 요구를 다 받아들여 자신의 행동과 태도를 초등학교 규칙에 맞추기란 여덟 살짜리 어린아이에게는 힘든 일이다. 하지만 누구나 이 많은 규칙과 약속을 지키며 적응해 나가야 한다.

성공적인 학교생활에는 준비가 필요하다

처음 해보는 일이나 익숙하지 않은 일을 할 때는 누구나 걱정이 앞서게 마련이다. 걱정이 지나치면 두려움과 불안감 때문에 자신감이 떨어지기도 한다. 이유는 간단하다. 해보지 않은 일이어서 잘 모르기 때문이다. 엄마가 아이를 학교에 보내는 일 또한 마찬가지여서 둘째나 셋째 아이를 초등학교에 보내면서 전전긍긍하는 엄마는 별로 없다. 경험을 해봐서 그만큼 잘 알기 때문이다.

초등학생이 된다는 것이 어떤 의미가 있는 것인지, 다른 아이들과는 어떻게 지내야 하는지, 규칙과 질서는 왜 지켜야 하는지 등을 충분히 설명해주어서 마음의 준비를 시켜두면 아이는 당황하지 않고 자연스럽게 학교생활을 시작할 수 있다. 준비된 아이는 그 어떤 변화도 두려워하지 않기 때문이다.

'초등학교는 의무 교육이라 누구나 다 받는 건데 뭘. 학교에 가면 다 잘하게 되어 있어. 어린이집이랑 유치원도 다녔는데 그게 그거지 무슨 문제가 있겠나.' 싶어 아무 준비 없이 다짜고짜 학교에 보내면 아이뿐 아니라 엄마도 예상하지 못한 곤경에 부딪칠 수 있다. 공부 준비는 철저히 시켰지만 좋지 않는 수업 태도 때문에 학교생활이 힘들어질 수도 있고, 사회성이 부족해 또래 친구들과 인간관계를 잘 맺지 못해 은따, 왕따도 될 수 있다. 이렇게 된다면 아이는 아이대로 엄마는 엄마대로 심각한 스트레스를 받게 된다. 따라서 유아학교 때부터 차근차근 준비시켜야 한다.

준비를 시켜야 한다니까 초등학교 1, 2학년 과정을 미리 다 배우게 하는 엄마도 있다. 학교 하면 맨 먼저 공부가 떠오르고 '내 아이만큼은 공부 잘하는 아이로 만들어야지!' 하는 생각이 엄마 마음속에 크게 자리 잡고 있기 때문이다. 아이가 일단 학교에 들어가면 또래 아이들과의 경쟁이 시작될 것이고, 또래 아이들과의 경쟁에서 뒤져서는 안 된다는 생각에 몰두하다 보면 온통 공부에만 신경이 쓰이는 것도 이해가 된다. 하지만 여덟 살짜리 우리 아이에게 초등학교 입학은 어떤 의미가 있는지 아이의 입장에서 곰곰이 생각해봐야 한다. 엄마가 생각하는 것처럼 또래 아이들과의 무한 경쟁이 시작되는 것이 초등학교 입학의 참된 의미인지를 말이다.

준비된 아이에게는 학교생활이 즐겁고 알차다

수업 시간에 제멋대로 행동해서 늘 지적받는 철수

"엄마, 나 학교에 가기 싫어. 선생님이 나만 미워해. 다른 애들이 떠들 때는 아무 말도 안 하시면서 내가 한 번 떠들었다고 복도에 나가 손들고 있으라잖아! 나 학교 안 갈래. 가기 싫어. 선생님한테 혼만 난단 말이야."

학교에서 돌아오자마자 가방을 휙 내던지며 이렇게 말하는 철수를 보면서 엄마는 왠지 억울한 심정이 들면서 기분이 나빴다. 철수가 초등학생이 되었다고 신나하던 게 엊그제 같은데, 서너 달도 채 안 되어 매일같이 선생님에게 지적받고 야단맞는 말썽꾸러기가 되었다고 생각하니 기가 찰 노릇이었다.

목청이 좋고 성격이 활달한 철수는 사교성이 좋아 언제나 또래 친구들을 리드하는 편이어서 엄마는 철수가 학교에 적응하는 데 문제가 있을 거라고는 상상도 못했다. 게다가 한글은 물론이고 구구단까지 줄줄 외울 만큼 공부를 많이 하고 학교에 들어갔기 때문에 당연히 선생님에게 칭찬받는 아이가 될 거라고 확신했었다. 그런데 학교에 들어가자마자 철수가 거의 매일 담임선생님께 이런저런 주의를 받고 돌아온다는 사실을 도무지 이해할 수가 없었다. 철수는 선생님이 자기를 싫어하기 때문이라는데…. 풀이 죽어 다니는 아들이 애처롭고 화가 날 지경이었다.

어떻게 해야 할지 고민하다가 한 아파트에 살고 있는 민지 엄마를 찾아갔다. 민지는 철수와 같은 초등학교에 다니는 3학년 아이이다. 민지 엄마는 선생님을 만나 철수의 학교생활에 대해 상담을 하는 게 좋겠다고 조언했다.

아이의 학교생활에 문제가 있어 담임선생님을 만나야 한다고 생각하니 마음이 너무나 무거웠다. 복잡한 마음을 잠시 접어놓고 용기를 내서 알림장에 담임선생님과 상담을 하고 싶다는 말을 써서 보냈다. 선생님께서 며칠 뒤 3시경에 오라는 메모를 남기셨다. 이 엄마, 저 엄마에게 물어보고 고민 고민하다가 선생님께서 아이들에게 상으로 주신다는 젤리를 한 통 사들고 학교에 찾아갔다. 처음 만나는 아이의 담임선생님이 왜 그리 무섭게 느껴지는지….

"철수 어머니, 잘 오셨습니다. 그러잖아도 한 번 오시라고 할 참이었거든요. 철수가 씩씩하고 적극적인 건 좋은데, 수업 시간에 가만히 앉아 있질 못해요. 왔다 갔다 하고, 옆 친구에게 장난을 걸어 수업 분위기를 깨뜨립니다. 계속 주의를 주는데도 여전히 자기 마음대로 하려 해서 별 효과가 없군요. 게다가 목소리가 너무 커서 소리치는 것처럼 들릴 때가 많아요. 공부는 잘 합니다. 받아쓰기도 100점이고. 하지만 태도가 좋지 않아서… 다른 아이들에게 방해가 되어서는 안 되는데… 제가 참 힘들어요."

선생님 말씀을 듣는 동안 엄마는 창피해서 고개를 들 수 없었다. 잠깐이나마 엄마가 찾아가지 않아 우리 아이만 미워하는 게 아닌가 생각했던 것이 너무나 부끄러웠다. 산만한 내 아이 때문에 수업이 제대로 이루어지지 않는다는 담임선생님의 말씀은 그야말로 충격이었다. '글씨도 잘 쓰고 책도 많이 읽고 구구단도 줄줄 외우고 학교에 갔는데 이게 대체 무슨 일이야.' 교문을 나서는 엄마는 너무나 막막한 심정이었다. 철수에게 공부 준비는 철저히 시켰지만 산만한 행동에는 별 관심을 갖지 않아 후회가 되었다.

인사성 바른 빛나는 학교에서 인정받아 자신감이 쑤욱

빛나는 수줍음을 잘 타고 겁도 많은 여자아이다. 모르는 사람이 말을 붙이면 한쪽으로 고개를 돌리거나 엄마 뒤로 숨어버린다. 빛나는 일곱 살이 될 때까지도 친구가 놀렸다고 울고, 같이 놀아주지 않는다고 삐치고, 누가 뭘 묻기만 하면 뭐가 무서운지 도망을 쳐서 엄마를 속상하게 했다. 엄마는 자신도 부끄러움을 많이 타는 성격이라 하나밖에 없는 자식인 빛나만큼은 활달하고 외향적인 성격이길 바랐지만 자신을 닮은 탓인지 그렇게 되지 않아 늘 속상하고 안타까웠다. 내년 3월이면 초등학교 입학인데 이런 아이가 학교에 들어가 친구를 잘 사귈지, 편식도 심하고 밥투정도 심한데 학교 급식을 잘 먹을지 이것저것 생각하면 걱정투성이였다.

빛나가 일곱 살 때 유치원 여름방학이 지나고 가을 학기가 시작되자 엄마는 이 상태로 아이를 초등학교에 보내기가 불안하여 빛나 아빠와 상의를 한 끝에 최소한 의사 표현은 제대로 할 줄 아는 아이

로 만들어서 학교에 보내기로 결정했다. 엄마와 아빠는 특별한 일이 없는 한 일요일 오후에는 빛나가 입학할 초등학교로 아이를 데려갔다. 운동장에서 공놀이를 하기도 하고 철봉에서 매달리기도 하며 아이와 놀았다. 학교 곳곳을 아이와 함께 구경하면서 몇 달만 있으면 빛나도 이 학교에 다니는 똑똑한 초등학생이 될 거라고 격려했다. 동시에 자기 생각을 분명히 말하는 훈련을 시켰다.

첫 번째 훈련은 '인사 잘하기'였다. 인사를 잘하는 것이 우리 사회에서 얼마나 중요한지를 빛나에게 잘 설명하고, 친구나 동네 어르신, 엄마 친구 등 누구라도 어른을 만나면 무조건 "안녕하세요!" 하고 큰 소리로 인사하기로 약속했다. 엄마와 아빠가 솔선해서 큰 소리로 인사를 하기 시작했다. 아파트 단지 안에서나 엘리베이터에서 이웃 사람을 만나면 명랑한 목소리로 "안녕하세요!" 하고 인사를 했다. 처음에는 아이를 위해 시작했지만 몇 번 하다보니 점점 자연스러워지고 기분도 좋아졌다.

차츰 빛나가 엄마 아빠를 따라하기 시작했다. 인사하기가 어느 정도 익숙해지자 빛나는 낯선 사람이 말을 붙여도 더 이상 예전처럼 도망치지 않았다. 이런 훈련이 계속되자 빛나는 차츰 수줍음을 덜 타고 자기 생각을 말로 표현할 줄 아는 아이로 변해갔다. 부끄럼쟁이 아이가 예의바른 아이가 됐다는 주변 사람들의 칭찬은 빛나를 더 자신감 있는 아이로 만들어주었다.

아이에게 자기표현을 할 기회를 많이 주기 위해 엄마는 빛나가 유치원에서 돌아오면 그날 가장 재미있었던 일이 무엇인지, 어떤 활동을 하며 하루를 보냈는지, 점심때 어떤 음식을 먹었는지를 구체적으로 물었다. 처음에는 엄마 아빠의 질문에 고개를 끄덕거리기만 하던 빛나가 차츰 "네." "아뇨."라고 대답을 하게 되었고, 자세하게 물어보면 한두 마디씩이라도 말로 설명하기 시작했다. 칭찬이 명약이었던지 칭찬을 많이 받은 빛나가 차츰 자신감을 갖기 시작했다.

찬바람이 불고 겨울이 되자 엄마 아빠는 빛나를 1학년 교실로 데려갔다. 교실 뒤편에는 초등학교 1학년 아이들이 만든 그림을 비롯한 공작품들이 빼곡히 붙여져 있었다. 빛나는 의자에 앉아보며 "집에 있는 내 책상하고 다르네." 하며 웃었다. 엄마는 빛나에게 초등학교에 들어간다는 것은 이제 유치원 동생들의 언니가 된다는 뜻이고, 초등학교에서는 재미있는 일이 많다는 이야기도 해주었다.

점차 빛나는 유치원에서도 토라지지 않고 친구들과 잘 지내는 아이로 변해갔다. 이렇게 한 반 년 동안 철저히 준비를 하고 초등학교에 들어간 빛나는 요즘 학교생활을 너무 재미있어 한다. '인사 잘하는 아이' 라는 즐거운 꼬리표가 붙은 빛나는 또래 친구들과도 잘 지내 학교생활을 아주 잘하고 있다.

정리정돈 잘하는 믿음이는 준비물도 제 손으로 척척

초등학교 1학년인 믿음이는 주변정리를 잘해 담임선생님에게 항상 칭찬을 받는다. 요즘 아이들이 물건 정리를 못해 교실 바닥이 엉망인데 유독 믿음이 책상만은 깨끗하게 정리정돈되어 있어 선생님 눈에 띄어 학급문고 담당자로도 뽑혔다. 믿음이는 정리정돈만 잘하는 것이 아니라 학교 준비물도 잘 챙기고 공부도 열심히 해 담임선생님께 칭찬을 많이 받는다.

처음부터 믿음이가 정리정돈을 잘하는 것은 아니었다. 가지고 놀던 장난감이나 보던 책들은 믿음이가 앉았던 그 자리가 바로 제자리였다. 믿음이 엄마는 아이가 어려서 그런가 보다고 생각해 여섯 살 때까지도 쫓아다니며 치워주었다. "착한 아이는 자기가 놀던 것은 자기가 정리하는 거야." 아무리 입이 마르도록 이야기해도 믿음이의 행동에는 변화가 없었다. 유치원에 다닐 때에는 아침에 유치원 가방 찾느라, 모자 찾느라 정신이 없어 유치원 버스를 놓친 적도 여러 번이었다. 야단을 쳐보기도 하고 방에서 못나오게 하는 벌을 주기도 했지만 소용없었다. "조용히 방에 들어가 반성 좀 해." 하고 벌을 주면 그 방도 엉망을 만들어버렸다. 때리기도 하고 야단

을 쳐봐도 소용이 없었다. 어떤 때는 만화 주인공 짱구 흉내를 내면서 엄마를 약올리기까지 했다.

이런 상태에서 초등학교에 들어가면 집은 계속해서 난장판으로 만들어 놓을 것이고, 아침마다 준비물로 아이와 싸울 것이 불을 보듯 뻔했다. 이제는 어떤 특단의 조치를 취해야 할 것 같다고 판단한 믿음이 엄마는 어떻게 해야 정리정돈 잘하는 아이로 키울 수 있는지 책을 보고 인터넷을 뒤져 몇 가지 방법을 찾아냈다.

믿음이 엄마는 제일 먼저 대형 할인마트에 가서 플라스틱으로 만들어진 커다란 수납장을 하나 샀다. 그리고 물건을 정리정돈하는 게 얼마나 중요한 일인지 믿음이에게 설명해주고 물건을 정리해야 하는 이유도 차근차근 설명해주면서 정리하는 방법을 알려주었다. 장난감은 장난감대로, 학용품은 학용품대로, 유치원 가방과 모자는 벽에 걸어놓기 등 믿음이가 쉽게 정리할 수 있도록 해주었다. 믿음이에게 '장난감, 학용품, 기타'라고 글씨를 쓰게 하고, 그것을 직접 수납장 서랍에 테이프로 붙이게까지 했다.

"앞으로 엄마는 믿음이가 어질러 놓은 것을 쫓아다니며 치우지 않을 거야. 이제부터는 네가 꺼내서 사용한 물건은 항상 자기 집에 데려다 주기다. 알았지? 손가락 걸고 약속해. 만약 약속을 지키지 않으면 그 날은 게임 못한다."

믿음이는 달라진 엄마 태도에 의아해하면서도 제 방에 새로운 물건이 생겼다는 호기심 때문인지 쉽게 약속을 했다. 약속한 내용을 스케치북 한 장을 뜯어서 매직으로 쓰고 아이 방에 붙여 놓았다.

처음 며칠은 정리를 잘 하더니 차츰 물건이 또 하나둘씩 거실로 나오기 시작했다. 예전 같으면 야단을 치면서 치웠을 믿음이 엄마지만 꾹 참고 어질러진 것들을 치우지 않았다.

약속을 어긴 날에는 어김없이 아이가 좋아하는 게임을 못하게 했다. 그러던 어느 날, 장난감을 정리하지 않아서 자기가 놀았던 레고 조각을 밟아 발에서 피가 난 사건이 있었다. 울고불고 하더니 믿음이는 장난감을 정리하기 시작했다. 정리를 잘한 날에는 "우리 믿음이 정말 최고다. 이렇게 정리를 잘하다니. 방이 너무나 깨끗한데."고 꼭 안아주면서 칭찬을 해주었다.

벌을 주고 야단을 치면서 아이가 어질러 놓은 것을 치우는 것보다 그냥 어질러진 대로 내버려두고 약속대로 게임을 못하게 하는 것이 훨씬 더 효과적이라는 사실을 믿음이 엄마는 알게 되었다. 이 일을 계기로 믿음이 엄마는 아이를 대하는 방법을 완전히 바꾸었다. 늦게 일어나 아침밥을 못 먹으면 못 먹은 대로 유치원에 가게 했고, 늦게 일어나거나 아무데나 던져놓아 유치원 가방과 모자를 찾다가 버스를 놓쳤을 때에는 유치원에 안 보냈다.

이제는 엄마가 봐주지 않는다는 것을 알게 된 믿음이는 자기 일은 자기가 알아서 하게 되었다. 정리정돈은 물론이고 아침에 엄마가 한 번만 깨우면 일어나 아침밥을 먹고 학교에 간다. 준비물도 전날 미리 이야기하지 않으면 엄마가 준비를 해주지 않는다는 것을 알고 있기 때문에 미리미리 챙겨 정리도 잘하고 준비물도 잘 챙기는 아이로 변한 것이다.

2 취학 전 유아교육과 초등학교 교육은 완전히 다르다

일곱 살과 여덟 살, 발달 단계는 비슷하지만 교육환경은 천지 차이

일곱 살과 여덟 살 아이는 신체적, 인지적, 사회정서적 발달 특성은 비슷하지만 아이들이 받고 있는 교육의 형태는 완전히 다르다. 유아학교나 어린이집 등에서 유아교육을 받는 일곱 살 아이와 초등학교 교육을 받는 여덟 살 아이는 180도 다른 교육환경에서 180도 다른 교육을 받는다.

취학 전 유아교육은 건강생활, 언어생활, 사회생활, 탐구생활, 표현생활의 5개 영역으로 크게 구분된 전인교육 시스템을 추구한다. 놀이 중심, 활동 중심의 교육으로 아이의 발달과 흥미 정도에 따라 아이가 자율적으로 다양한 교구를 선택해 스스로 해보도록 되어 있

다. 각 활동은 10분에서 40분까지 융통성 있게 시간을 정할 수 있는데, 대개는 20분 정도이므로 집중하는 데 큰 어려움을 겪지 않는다. 교육 내용면에서 취학 전 유아교육은 기본생활 습관, 일상생활, 가정 및 이웃을 중심으로 생활교육 성격이 강하고 지식 자체보다는 조작활동과 탐구활동을 통한 직접 경험에 중점을 둔다.

하지만 초등학교는 180도 다르다. 우선 외형적으로 넓은 운동장, 크고 많은 교실, 많은 학생, 교실 안에 있는 책상과 걸상 등 모든 게 취학 전 유아학교와는 비교할 수 없을 정도로 규모가 크다. 외형적인 모습뿐 아니라 교육내용, 수업진행방식, 평가방식도 완전히 다르다. 따라서 유아학교나 어린이집을 몇 년 다녔다고 해서 쉽게 초등학교에 적응할 수 있는 것은 아니다.

유아학교에서는 아이 중심, 놀이 중심, 활동 중심으로 교육이 이루어지는 데 비해 초등학교에서는 선생님 중심, 교과 중심, 언어 중심으로 교육이 이루어지므로 아무 준비 없이 초등학교에 입학하면 아이가 적응하는 데 어려움을 느낄 수밖에 없다. 우리들은 1학년, 국어, 수학, 바른생활, 슬기로운 생활, 즐거운 생활 등 여섯 가지 교과목이 있고, 각 교과목에 따른 교과서도 있다. 물론 일상생활에 필요한 기본 기능을 배우고 올바른 생활 습관과 태도를 배우기는 하지만, 실제로는 지식을 습득하는 공부에 더 큰 비중을 두고 있다.

아이들은 교실에서 자기 자리를 배정받으면 학교에 있는 동안 줄곧 자기 자리에 앉아서 생활을 해야 한다. 1교시 40분이라는 고정적인 수업 시간이 정해져 있어 정해진 시간에는 아이 마음대로 활동할 수 없다. 또 유아학교에서는 없었던 시험이라는 평가 제도가 있어 성적에 따른 자신의 수직적인 위치를 알게 된다. 학교에서 보는 수많은 시험은 학교 선생님과 친구들에게 자신이 어떤 사람인지 평가받게 되고, 이것을 통해 아이는 자기 자신이 어떤 사람인지 자신의 이미지, 다시 말해 자아상을 서서히 만들어나간다. 게다가 반장이라는 것이 있어 모든 아이가 다 똑같지 않다는 것도 어렴풋이나마 알게 된다.

학교에서 담임선생님과 관계를 맺는 일도 쉽지 않다. 유아학교의 담임선생님은 부드럽고 자애로운 태도로 아이를 대하기 때문에 담임선생님과 일대일로 친밀한 관계를 맺을 수 있었지만 초등학교에서 만나는 선생님은 유아학교 선생님보다 대부분 엄격하고 딱딱한 느낌이어서 유아학교 선생님들처럼 쉽게 친해지기 어렵다고 느껴진다.

집이라는 작은 울타리에서 벗어나 학교라는 큰 사회에서 단체 생활을 시작해야 하는 여덟 살짜리 어린아이에게 이러한 갑작스런 변화는 감당하기 쉽지 않은 일이다. 현재 적용되고 있는 제7차 교육과정은 초등학교 1학년부터 고등학교 1학년에 이르는 10년을 '국민 공통 기본 과정'으로 정해 놓았다. 모든 국민이 공통으로 배워야 할 기본적인 교육과정이라는 뜻이다. 따라서 초등학교 때 학교 교육에 잘 적응하는 아이로 키워놓으면 중·고등학교에서도 학교에 잘 적응하는 아이로 성장할 수 있다.

유아학교 교육과정과 초등학교 교육과정의 비교

유아학교 생활 영역	초등학교 교과목
건강, 언어, 사회, 탐구, 표현,	우리들은 1학년
언어생활	국어
탐구영역	수학
사회생활	바른생활
탐구, 표현생활	슬기로운 생활
건강, 표현생활	즐거운 생활

초등학교 1학년 교육과정

과목	내용
우리들은 일학년	첫 학교생활에 잘 적응할 수 있도록 도와주는 내용으로 되어 있다. 3월 한 달간 수업
국어	자신의 생각이나 느낌을 바른 태도로 말하기, 정확하게 듣기, 낱말의 뜻 알기, 말을 글자로 옮기고 글자의 짜임 알기, 이야기 ·동시 읽기
수학	0-99 자연수 알기, 한 자릿수, 두 자릿수의 덧셈과 뺄셈, 기본 도형의 모양 알기, 양 비교하기, 수량 사이의 관계 알기
바른생활	도덕 ·규범의 중요성을 알기, 기본적인 바른생활을 습관화하기
슬기로운 생활	자기 자신의 이해와 성장, 사회 ·자연과의 관계를 배우는 통합교과
즐거운 생활	운동 ·건강 ·안전생활 알기, 창의적인 놀이, 표현 활동 ·감상 활동 등을 배우는 통합교과

교육과정 평가원이 2003년 10월 22일-23일 전국의 초등 6학년, 중등 3학년, 고교 1학년의 1%인 1만 8843명을 대상으로 시행한 '2003년 국가 수준 학업성취도 평가' 결과를 2005년 1월 10일 내놓았다. 그런데 분석 결과, 초등학교에서 중·고등학교로 올라갈수록 기초학력에도 미치지 못하는 학생이 많아져 중·고생 절반 가량이 학교에서 배우는 수업내용을 부분적으로 또는 거의 모든 내용을 이해하지 못하고 있으며, 학교수업을 제대로 따라가지 못하고 있다는 사실이 밝혀져 우리 사회에 큰 충격을 주었다.

기초학력 미달 과목을 보면 초등학생은 과학(4.8%)과 수학(3.7%), 중학생은 수학(11.5%)과 과학(9.5%), 고등학생은 과학(12.5%)과 수학(10.0%)인 것으로 나타났는데, 초등·중등·고등 과정에서 순위가 뒤바뀌었을 뿐 수학·과학 과목에 기초학력 미달자가 가장 많다는 사실은 동일하다. 수학과 과학처럼 기초가 중요한 과목의 경우 아래 학년에서 배운 내용을 제대로 이해하지 못한 채 학년만 올라가봤자 아무 소용없다는 것이 사실로 입증된 셈이다. 이것은 초등학교 때 기초공부가 제대로 되어 있지 않으면 중·고등학교에 올라가 공부를 잘하기 어렵다는 일반적인 사실을 단적으로 증명해주는 예라 할 수 있다.

초등학교 교육은 10여년 이상 지속될 학교 교육의 첫 출발점이자 가장 중요한 기초단계의 교육이다. 학교 교육의 첫 단계인 초등학교에 들어가 어떻게 첫 출발을 하느냐에 따라 중등교육, 더 나아가 고등교육에까지 영향을 끼치기 때문에 그만큼 첫 관문인 초등학교 교육이 중요하다.

초등학교 때 기초교육이 제대로 되어 있지 않으면 후에 아무리 많이 가르쳐도 밑빠진 독에 물붓기처럼 실력 향상이 쉽게 이루어지지 않는다. 초등학교 때 기초를 잘 잡아주어야 한다는 말은 매우 평범한 이야기처럼 들리지만 가장 중요한 진리인 셈이다.

자기에게 주어진 일에 최선을 다하는 학습태도와 올바른 생활습관이 형성되어 있는 아이는 학교에 들어가 적응을 잘해 성공적인 초등학교 생활을 할 수 있다. 하지만 초등학생의 경우, 아직 어리기 때문에 공부의 중요성이나 책임감 등을 아이 혼자 깨우쳐 스스로 해내기는 어렵다. 따라서 엄마가 어릴 때부터 따뜻한 관심과 정성을 가지고 아이에게 공부의 중요성과 올바른 생활태도, 바른 행동과 습관 등에 대해서 가르쳐주어야 한다.

아이를 위한 진정한 기초교육은 초등학교에 들어가기 전에 좋은 학습태도와 올바른 생활습관을 유아기부터 차근차근 가르쳐 몸에 배인 습관이 되도록 만드는 것이다. "세살 버릇 여든 간다."는 말처럼 어릴 때 기본적인 생활 습관과 태도를 길러주지 않으면 나중에 바로잡기가 너무 힘들다. 그렇기 때문에 부모 특히 엄마의 역할이 중요한 것이다.

올바른 행동과 습관이 몸에 배이면 굳이 공부하라는 잔소리를 하지 않아도 아이 스스로 자기 일은 자기가 해내는 책임감 강한 아이로 자라게 된다. 초등학교 시기는 아직 어리기 때문에 엄마 말에 아이가 귀를 기울인다. 엄마가 아이에게 그나마 영향을 끼칠 수 있는 이 시기에 기초 생활습관 교육을 탄탄하게 해놓지 않으면 나중에 가서 크게 후회하게 될지도 모른다. 선배엄마들이 후회하는 것이 바로 이 같은 이유 때문이다. 아이가 사춘기가 되면 이미 때는 늦어 엄마 아빠의 영향력이 그다지 크게 미치지 못한다.

남의 말을 귀기울여 듣기, 자기가 해야 할 일이 있을 때에는 주의 집중하기, 다른 사람 배려하기, 자신의 욕구 조절하기, 규칙 잘 지키기, 혼자서 해보도록 노력하기, 남의 입장에서 생각하기, 책과 가까이 하기 등의 교육이 바로 기초이자 기본교육이다. 이러한 것들은 일반적으로 엄마들이 중요하게 생각하지 않는 것이고, 지금 당장 아이 성적이나 점수에 관계가 없는 것처럼 보이겠지만 멀리 바

라보면 훨씬 더 효과적이고 중요한 기초교육이라는 사실을 기억해야 한다.

초등학교 1학년 학교생활 따라잡기

여자 친구 진영이의 학교생활

집이 가까워 걸어다니는 진영이는 8시 30분에 집을 나서 8시 40분에 학교에 도착한다. 교실에 들어가면 책가방을 내려놓고 일기장을 꺼내 선생님 책상 위에 올려놓는다. 그런 다음 자기 책상으로 돌아가 아침 자습을 한다. 진영이네 반에서는 아침 자습 시간에 어린이신문에 난 기사 읽기를 한다.

1교시는 바른생활 시간이다. 오늘은 올바른 자세에 대하여 배웠다. 선생님께서 바른 자세로 걷기, 바른 자세로 서 있기, 바른 자세로 앉기 등 바른 자세가 얼마나 중요한지 설명해주셨다. 1교시 40분 동안의 수업이 끝나고 쉬는 시간에 우유 급식이 나왔다. 학교에서 나눠주는 우유를 먹고 화장실에 다녀온 후 진영이가 친구들과 이런저런 이야기를 하고 있는데 2교시 종이 울린다.

오늘 2교시는 국어 시간 ─ 말하기, 듣기이다. 이야기를 듣고 자기 생각을 발표하는 시간인데 수줍음 많은 진영이는 발표는 하지 않고 친구들의 이야기를 듣기만 했다. 어느덧 수업이 끝났음을 알리는 종이 울리자 진영이는 읽고 있던 동화책을 꺼내서 읽었다.

3교시는 수학 시간이다. 오늘은 1부터 100까지 자연수의 덧셈과 뺄셈을 배웠다. 하지만 이미 학습지를 통해서 다 배운 것이어서 시시했다. 화장실에 다녀온 진영이는 친구들과 소꿉놀이를 했다. 쉬는 시간이 짧아 더 이상 놀지 못해 아쉽지만 종이 울려 어쩔 수 없다.

4교시는 진영이가 좋아하는 컴퓨터 시간이다. 타자 연습을 하지만 진영이가 좋아하는 컴퓨터 게임을 할 수 있기 때문에 컴퓨터 시간이 기다려진다. 4교시가 끝나면 칠판에 써 있는 숙제 등을 약속장(일종의 알림장)에 써놓고 점심을 먹는다.

점심 시간. 그런데 오늘은 진영이가 싫어하는 반찬이 나와 억지로 먹었다. 남기면 선생님께 꾸중을 듣기 때문이다. 점심 시간이 끝나면 가방을 챙겨서 집으로 간다. 오늘은 12시 50분에 학교에서 파해 집으로 갔다. 진영이는 화요일과 목요일에는 5교시까지 수업을 하기 때문에 늦게 끝난다.

남자 친구 용준이의 학교생활

용준이는 8시 25분 집에서 나와 학교로 향한다. 학교에 도착하면 8시 35분. 교실에 들어가면 가방을 정리하고 먼저 준비물을 꺼내놓는다. 아침자습 시간에 용준이네 반은 어린이신문 보기나 그림그리기를 한다.

1교시는 읽기 시간이다. 다른 사람과 생각이 다를 때 어떻게 해야 하는가에 대하여 수업을 했다. 쉬는 시간에 화장실에 다녀온 후 급식으로 나온 우유 한 팩을 얼른 마시고 친구들과 카드놀이를 한

초등학교 입학 후 아이들의 학교생활이 궁금해요

Q1 1학년 아이들의 학교생활에 대해서 이야기해 주세요

Answer 입학식을 한 후 2주일 동안은 학교에 입학해서 적응하는 단계이기 때문에 아침 10시까지 학교에 등교합니다. 예전에는 학교 운동장에서 구령대 위에 서 계신 선생님 율동을 따라 하는 활동을 많이 했지만, 요즘에는 유아학교에서 이미 배우고 오기 때문에 운동장에서 하는 실외활동은 없습니다. 대신 교실 안에서 학교 적응하기 활동을 하게 됩니다. 학교마다 담임선생님 재량에 따라 다르지만 대개는 멀티미디어를 틀어 놓고 '내가 다니는 학교생활 익히기' 수업을 합니다.

2주간의 적응기간이 지나면 3월 한 달간은 초등학교 교과 학습의 예비 단계로 〈우리들은 1학년〉이라는 과목을 배우게 됩니다. 〈우리들은 1학년〉은 아이들이 학교생활에 관심과 흥미를 가질 수 있도록 다양한 학습경험의 기회를 주는 과목입니다. 초등학교에 갓 입학한 아이들이 학교생활에 잘 적응할 수 있도록 기본생활규범 영역, 학교생활환경 영역, 사회적관계 영역, 기초학습기능 영역 등 4개 영역으로 구성되어 있습니다. 이 수업에서 아이들은 놀이를 통해서 자연스럽게 학교생활에 적응하고 친구를 사귀고 학교공부에 흥미를 가지게 됩니다.

4월이 되면 정상적인 수업을 시작하는데 국어(말하기, 듣기, 읽기, 쓰기), 수학(수학, 수학익힘), 바른생활, 슬기로운 생활, 즐거운 생활 등 5과목을 배우게 됩니다. 하루에 4교시 수업을 하고 학교에서 점심을 먹고 집으로 오게 됩니다. 학교마다 조금씩 차이가 있기는 하지만 대개 4월이 되면 급식이 시작되고 특별활동이나 재량활동으로 1주일에 1시간씩 수업을 더 하게 됩니다.

Q2 수업 시간은 어떻게 되나요?

Answer 대개 8시 50분까지 등교해서 9시에 수업을 시작하는 학교가 많습니다. 그렇지 않은 학교는 9시까지 등교한 후 9시 10분부터 수업을 하기도 합니다. 수업시작 시간은 학교마다 다소 차이가 있지만 수업 시간 40분, 쉬는 시간 10분은 모두 같습니다.

초등학교 1학년 시간표의 예

1교시   9:00~9:40   국어 / 10분 휴식

2교시   9:50~10:30   수학 / 10분 휴식

3교시   10:40~11:20 슬기로운 생활 / 10분 휴식

4교시   11:30~12:10 즐거운 생활 / 10분 급식준비 시간

점심 시간 12:20~

하교 1시

Q3 급식은 어떻게 하나요?

Answer   대부분의 초등학교에서는 단체급식을 하고 있습니다. 학교 내부에 조리시설을 갖추고 영양사와 조리사를 고용하여 식단을 짜고 직접 조리를 해서 아이들에게 점심을 줍니다. 1학년의 경우 4월이 되면 우유급식과 점심급식이 동시에 시작됩니다. 우유급식은 대개 2교시가 끝난 후 이루어집니다. 급식이 시작되면 엄마들은 급식당번을 하게 됩니다. 1학년의 경우 아이들이 너무 어려 배식과 뒷정리는 엄마들 몫입니다. 급식 당번 엄마는 뒷정리를 하고 청소를 하고 집으로 돌아가게 됩니다. 사정이 생겨 못갈 형편이 되더라도 반드시 참가해야 하는데, 이럴 때에는 급식도우미 엄마에게 도움을 청하는 방법도 있습니다. 급식 당번을 할 때에는 앞치마. 행주, 비닐장갑, 머릿수건 등을 가지고 가야 합니다.

Q4 1학년도 특별활동이나 방과 후 특기적성 활동을 하게 되나요?

Answer   그렇습니다. 1학년도 4월이 되면 주 1회씩 특별활동과 재량수업을 합니다. 또한 아이가 원하면 방과 후 특기적성 활동도 학교에서 할 수 있습니다. 이럴 경우 하교 시간이 1, 2시간 더 늦어질 수 있습니다. 방과 후 특기적성 활동은 저렴한 비용으로 다양한 특기적성 활동을 배울 수 있는 프로그램으로 수익자 부담 원칙으로 되어 있습니다. 하지만 일반 사교육에 비해 저렴해 많은 아이들이 특기적성 프로그램에 참가하고 있습니다. 학교마다 조금씩 차이가 있지만 대개 컴퓨터, 그림그리기, 책만들기, 종이접기, 바둑, 바이올린, 플루트, 십자수, 글짓기, 독서 등 학교에 따라 다양한 프로그램이 개설되어 있습니다.

다. 요즘 용준이는 한자카드놀이에 빠져 있어 시간이 날 때마다 친구들과 카드놀이를 한다.

2교시는 슬기로운 생활 시간이다. 가족의 명칭, 역할 등 가족에 대해서 배웠다. 쉬는 시간에 친구들과 운동장에 나가서 뛰어 놀았다.

3교시는 즐거운 생활이다. 오늘은 고깔 만들기를 했다. 쉬는 시간에 잠깐 화장실에 다녀온 후 운동장에 나가 친구들과 축구도 했다.

4교시는 재량 활동으로 연상화 그리기를 했다. 급식이 도착하기 전 선생님께서 칠판에 써 놓으신 내용을 알림장을 쓰고는 점심을 먹는다. 급식이 끝나면 가방을 챙기고 12시 45분에 집으로 간다.

용준이는 학교에서 실시하는 특기적성 프로그램에 참여한다. 바둑(월, 수) 1시~2시, 미술(월, 금) 3시~4시, 피아노(월~금) 2시~3시, 수영(월, 수, 금) 5시~6시. 용준이도 바쁘게 하루를 보낸다.

3 우리 아이는 학교 갈 준비가 되어 있나?

여섯 · 일곱 살이 되면 미리 준비시키자

요즘은 핵가족 시대인데다 맞벌이 부부가 많고 아이도 하나 아니면 둘밖에 낳지 않은 가정이 많아 예전에 할머니, 할아버지, 엄마, 아빠, 삼촌, 고모, 이모, 형제를 보면서 자연스럽게 그들과 관계를 맺으면서 배울 수 있었던 사회적인 기술이나 대인관계를 배우기가 매우 어렵다. 형제수가 극히 적고 남의 일에는 관심 가질 여유가 없어졌기 때문이다. 따라서 엄마는 아이가 여섯, 일곱 살 정도가 되면 초등학교 입학을 대비해 학교에 들어가 적응할 수 있는 능력이 있는지 확인해보고, 만약 학교 적응에 어려움이 있을 수 있다는 판단이 들면 유아학교 때와 초등학교 때가 어떻게 다른지 아이에게 이해시키고 차분히 적응준비를 시켜야 한다.

입학을 앞둔 시기는 다음 단계를 위한 도약대가 될 수 있기 때문에 매우 중요한데, 초등학교 입학과 관련해서는 특히 일곱살 여름방학 이후가 가장 중요하다고 할 수 있다. 방학기간은 시간에 쫓기지 않고 여유 있게 엄마가 계획한 대로 찬찬히 준비시킬 수 있다. 일곱 살을 어떻게 보내느냐에 따라 초등학교 생활이 달라진다는 사실을 기억하고 방학기간을 잘 활용하자.

몸이 건강해야 학교적응도 빠르다

초등학교는 또래 아이들과 함께 뛰놀고 공부하고 생활하는 곳이므로 또래 아이들과 학교생활을 잘 하려면 체력도 또래 아이만큼 뒷받침되어야 한다. 몸이 너무 약하거나 체격이 너무 왜소하면 또래 친구들로부터 무시를 당하거나 놀림을 받을 수 있기 때문에 학교에 들어갈 나이가 되었을 때 또래 친구들과 같이 뛰어놀 수 있을 정도의 신체발달이 이루어져야 한다. 만일 또래 아이들과 비교해 현저하게 신체발달이 떨어진다면 입학을 늦추는 것도 하나의 방법이 될 수 있다.

특별한 증상이 없다 하더라도 초등학교 입학 전 7세 때에는 어린이 건강검진을 한 번쯤 받게 하라고 권하고 싶다. 취학 전 아이들의 건강검진은 성인의 건강검진과는 달리 신체 체격을 측정해 성장이 적절한지를 알아보고, 아이가 또래 어린이와 비슷한 신체 · 정신적

발달상태를 유지하는가를 관찰하는 것이다. 간단한 피검사와 방사선 검사를 통해 철 결핍성 빈혈, 혈뇨나 단백뇨 같은 소변이상, 간기능, 신장 기능, 폐 기능의 이상 여부를 확인할 수 있다.

만 3세, 6세 때 시력검사를 받자

아이들은 눈에 문제가 생겨도 깨닫지 못하는 경우가 많다. 눈을 자주 비빌 때, 깜빡일 때, 먼 곳을 보면서 눈을 찡그릴 때, 일정한 곳을 주시하지 못할 때, 특별한 원인 없이 머리가 자주 아프다거나 어지럽다고 할 때에는 안과 전문의를 찾아 정확한 진찰과 검사를 받는 것이 좋다. 만 3세가 되는 해와 시력이 완성되는 만 6세가 되는 해에 정확한 시력검사를 해서 약시, 사시, 속눈썹 눈찌르기 등에 대해 미리 대책을 세우는 것이 바람직하다.

초등학교 시기는 신체의 성장과 함께 눈도 많이 변화하기 때문에 별다른 이상이 없더라도 1년에 한번 정도 정기적인 안과검진을 받는 것이 바람직하다. 시력이 나쁜데도 안경을 쓰지 않으면 시력 발달에 좋지 않은 영향을 끼치고, 집중력이 떨어져 학습에도 지장을 줄 수 있으므로 아이가 눈을 찡그릴 때에는 정확한 검사와 처방을 받은 후 안경을 쓰게 해야 한다. 또한 색깔구별은 잘 하는지 색약검사도 미리 해주는 것이 좋다.

영아 때 청력검사는 필수

청각은 5개 감각 중에서도 가장 일찍 발달해서 늦게까지 남아 있는 감각이다. 20주 된 태아가 이미 고막이 형성되어 있고, 32주가 되면 뱃속에서도 엄마 목소리를 듣는다. 우리 나라에서는 신생아 때 청력검사를 따로 하지 않기 때문에 영아 때 반드시 청력검사를 해보는 것이 안전하다. 3세 이하의 청각장애는 언어장애를 가져올 수 있으므로 조기 발견이 그 어떤 것보다 중요하기 때문이다. 또 감기만 걸리면 중이염 증세까지 나타나는 아이라면 반드시 중이염은 완치시켜야 한다. 자꾸 재발하거나 장기간 방치해두면 청력에 문제가 생길 수 있기 때문이다.

비염은 집중력을 떨어뜨리고, 누런 콧물은 놀림감이 되기 쉽다

빈번하게 재채기를 하고 코가 막혀 답답해하고 누런 콧물이 나온다면 일단 축농증을 의심해봐야 한다. 감기를 앓고 난 후에 이런 증상이 나타나면 더욱 그렇다. 코가 막히면 답답해서 집중이 잘 되지 않아 공부하기 어렵다. 또 누런 콧물이 자주 나오면 친구들이 놀릴 수 있기 때문에 학교 가기 전에 미리 병원에 가 축농증이 있는지 검사를 해보고 만약 축농증 증세가 있다면 말끔히 치료를 해서 완치시킨 후 학교에 입학하는 것이 바람직하다.

불소 도포로 충치를 예방해 주자

치아는 특별한 이상이 없다 해도 정기적으로 치과를 찾아 검진을 받도록 하는 것이 바람직하다. 충치를 늦게 발견해 나중에 신경치료를 받게 하면 비용도 많이 들 뿐 아니라 무엇보다도 아파서 아이가 고생한다. 따라서 6개월에 1번씩 의사의 정기검진을 받게 하고, 이가 썩지 않도록 미리 치면열구전색(어금니 씹는 면에 있는 작은 틈을 미리 막아주는 것)과 불소 도포(치아에 불소를 씌우는 것) 등을 해주면 충치를 예방할 수 있다. 만일 아이의 턱이 주걱턱처럼 많이 나왔을 때는 빨리 발견해 적절한 치료를 받게 해야 조기교정이 가능하다.

아토피를 검사해 보고 미리 대처하자

얼마 전 한 TV 프로그램에서 우리나라 유치원생 1천 명에게 했던 피부반응 검사를 소개한 적이 있었는데, 검사 결과 35%의 아이들이 아토피를 앓고 있다는 충격적인 내용이 발표되어 놀라게 한 적이 있었다. 그만큼 아토피 피부염으로 고생하는 아이들이 많다는 이야기이다. 아토피 때문에 고생하는 아이들의 경우 가려워서 긁느라고 주의집중력이 떨어지고, 밤에도 잠을 못자 수면 부족까지 가져오는 등 학업에 있어서도 좋지 않은 영향을 끼치고 있으므로 혹시라도 아토피 증상이 있는 것은 아닌지 점검해보는 것이 바람직하다.

홍역 2차 예방주사 반드시 접종해야

학교는 공동체생활을 하기 때문에 유행성 질병에 대한 예방이 필요하다. 디프테리아, 백일해, 파상풍, 소아마비 예방주사는 만4-6세에 반드시 맞혀야 한다. 확인해보고 맞추지 않았다면 입학 전에는 반드시 맞추자. 특히 홍역 예방주사는 1차 접종을 했더라도 학교에 들어가기 전에는 반드시 2차 접종을 하고 학교에 확인서를 내야 한다. 2000년 한 해 동안 3만 명의 홍역환자가 발생하였는데 대부분이 만4~6세에 2차 홍역예방주사를 맞지 않은 초등학생이라는 통계가 있다.

코를 킁킁거리거나 눈을 깜빡인다면 틱을 의심해보자

아이가 자주 눈을 찡그리거나 깜빡거리거나 코를 킁킁거리거나 어깨를 씰룩거린다면 혹 스트레스로 인해 틱을 하는 게 아닌지 눈여겨볼 필요가 있다. 취학 전후의 아이들 중 틱을 하는 아이도 있기 때문이다. 틱이란 본인의 의지와는 상관없이 갑자기, 빠르게, 반복적으로, 불규칙하게 근육이 움직이거나 소리를 내는 것으로 대개 스트레스나 불안에 의해 생긴다. 이외에도 만약 다음과 같은 증세가 있다면 전문가를 찾아 상담을 한번 받아보는 것이 현명하다.

● 또래 아이들에 비해 지나치게 산만해 한시도 가만있지 못한다
  ➡ 주의력결핍 과잉운동장애
● 부모와 떨어지는 것을 너무나 힘들어한다 ➡ 분리불안장애
● 말이 어눌하거나 말을 더듬는다 ➡ 언어장애
● 친구를 때리거나 물건을 던지는 등 거칠고 공격적인 행동을 많이 한다 ➡ 적대적 반항장애
● 이해력이 떨어져 말귀를 잘 알아듣지 못하고 공부에 어려움이

느껴진다 ➡ 지능지체
- 가끔씩 밤에 오줌을 싸거나 지린다 ➡ 야뇨증
- 표정이 어딘가 어둡고 멍하며 눈을 잘 마주치지 못하고 지시사항에 별 반응을 나타내지 않는다 ➡ 반응성 애착장애

초등학교 입학절차는 이렇다

우리나라의 초등교육은 헌법이 정한 의무교육으로 대한민국에 살고 있는 어린이는 모두 초등교육을 받아야 한다. 공립인 경우 거주지에서 가까운 학교에 배정된다. 지리적으로 가까운 학교에 배정되는 것이 아니라, 행정 구역의 기준에 의해 배정된다. 동사무소에 가면 몇통 몇반은 어느 학교라는 식으로 미리 정해져 있어 확인할수 있다. 학생수는 대개 35명 내외. 그러나 인구가 밀집된 곳은 45명이 넘는 곳도 있다.

공립 초등학교 입학 절차

1. 11월 1일을 기준으로 취학 아동 명부가 작성된다.
2. 12월 초가 되면 부모는 자녀가 취학 대상에서 빠지지는 않았는지 면 · 동사무소에 가서 확인을 해야 한다. 특히 이사할 때는 전입신고를 분명히 해 두어야 새 거주지 학교에 배정받을 수 있다.
3. 1월 말에서 2월 초에 각 가정에 취학통지서가 발급된다.
4. 2월 10일경에 입학예정 학교에서 신입생 예비소집이 실시된다.

5. 3월 초에는 입학식을 한다.

국·사립 초등학교 입학절차

1. 11월 초에 희망하는 초등학교 홈페이지에 들어가 지원 방법 등에 대해서 알아본다.

2. 12월 초에 희망하는 초등학교에 입학원서를 접수한다.

3. 12월 중순에는 입학 추첨이 있다(추첨에서 떨어지면 공립학교 배정).

4. 1월 초에 국·사립 초등학교 입학이 확정되면 동사무소에 입학 신고서를 접수한다.

5. 3월 초에는 입학식을 한다.

취학할 준비가 되어 있나?

다음의 취학능력을 판단할 수 있는 체크리스트를 읽어보고 맞는다고 생각되는 곳에 체크를 해보자.

1. 인지 능력
- 자기 집의 주소와 전화번호를 정확히 말할 수 있다. ☐
- 어른의 도움 없이 자신의 생각을 표현할 수 있다. ☐
- 5-10개의 단어를 받아쓸 수 있다. ☐
- 네모칸에 글씨를 써 넣을 수 있다. ☐
- 간단한 덧셈을 할 수 있다. ☐

2. 생활 능력
- 숟가락 젓가락을 사용할 수 있다. ☐
- 전화를 걸 수 있다. ☐
- 신호등을 보고 혼자 건널 수 있다. ☐
- 운동화 끈을 혼자 맬 수 있다. ☐
- 자동차 안전띠를 혼자 맬 수 있다. ☐
- 무슨 요일인지 말할 수 있다. ☐

3. 대인관계 능력
- 간단한 게임 규칙을 지킬 수 있다. ☐
- 자기가 실수한 것에 대해 사과할 수 있다. ☐
- 낯선 사람에게 인사하고 자기 소개를 할 수 있다. ☐

4. 대근육 능력
- 한발로 껑충 뛰어 앞으로 나갈 수 있다. ☐
- 4m 떨어진 거리에서 공을 받을 수 있다. ☐

5. 미세 근육
- 세모를 그리거나 복잡한 모양의 선을 가위로 오릴 수 있다. ☐
- 열쇠로 문을 열 수 있다. ☐
- 공책을 찢지 않고 지우개로 낙서를 지울 수 있다. ☐

출처불명:인터넷 / 결과보기 - 위 문항 중 2/3 (12개) 이상이면 취학 능력이 있다고 볼 수 있다.

4 학부모가 될 준비를 하자

엄마로서 자신감을 가지자

아이의 초등학교 입학은 아이뿐 아니라 엄마인 당신에게도 중요한 전환점이 된다. 예쁘고 사랑스럽게만 느껴지던 아이가 이제 당신 품을 떠나 그동안 겪어보지 못한 다양한 경험을 하게 되기 때문이다. 학교는 엄마의 통제권 밖이므로 더 이상 아이의 모든 것을 당신 마음대로 좌지우지할 수 없다. 당신이 할 수 있는 일이란 아이가 학교에서 도전하고, 성공하고, 실패하는 모습을 옆에서 지켜보는 일뿐이다. 당신의 손이 미치지 않는 아이의 학교생활을 지켜보다 보면 기쁠 때도 아쉬울 때도 있을 것이다. 때로는 속상하고 화날 때도 있을 것이다. 이럴 때 당신은 아이에게 어떤 모습을 보여줄 것인가? 화가 난다고 소리치고, 담임선생님이 마음에 들지 않는다고 전학을 시킬 것인가? 엄마인 당신부터 어떤 학부모가 될 것인지 스스로 마음의 준비를 해야 한다.

자신감 있는 엄마는 다른 사람들이 하는 이야기에 현혹돼 이리저리 끌려다니지 않는다. 결혼해서 아기를 가지면 주변 사람들로부터 많은 조언과 충고를 듣게 된다. 임신 중에는 태교를, 아기를 낳은 후에는 젖먹이기, 이유식, 재우기, 놀아주기, 영재교육, 버릇들이기, 야단치기 등 저마다 수많은 방법에 대해서 이야기해 준다. 어떤 사람은 아예 이렇게 해야 한다고 강요하기까지 한다. 수많은 조언과 충고 속에서 어떤 것을 받아들이고 어떤 것을 버려야 할지 감이 잡히지 않아 갈팡질팡하게 되는 심정을 이해할 수 있다. 그렇다고 해도 다른 사람들 이야기에 솔깃해 이리저리 휩쓸려서는 안 된다.

아이를 위한 그 어떤 호의적인 이야기도 당신 아이와 맞지 않는다고 생각되면 과감하게 버릴 수 있어야 한다. 내 아이를 가장 잘 아는 사람은 옆집 아줌마도 학습지 교사도 유아학교 교사도 아니다. 아이의 엄마인 바로 당신이다. 당신이야말로 그 어떤 전문가보다도 당신의 아이에 대해서 잘 아는 사람이다. 당신보다 당신 아이에 대해서 더 잘 이해하고 더 많이 알고 있는 사람은 없다. 그러니 엄마로서 자신감을 가져야 한다.

핵가족 시대, 엄마 혼자서 온 종일 아이를 돌보기란 쉬운 일이 아니다. 특히 주위에 도와줄 사람이 없을 때에는 더더욱 그렇다. 하루종일 어린아이와 씨름하다 보면 지쳐 녹초가 될 때도 있다. 남편은 하는 일이 너무 바빠 도와주고 싶어도 그럴 시간과 여유가 없고, 친정부모, 시부모 또한 도와줄 수 없는 형편이라면 엄마 혼자서 아이의 육아와 교육을 떠맡아야 한다. 이런 상황이면 너무 힘들어 아이를 남에게 맡기게 된다.

아이가 태어나 두세 살이 되면 놀이방에 보내고, 놀이방에서 돌아오면 베이비 씨터, 학습지 교사, 영재교육 교사에게 아이를 맡기고, 대여섯 살이 되면 유아학교에 보내고, 유아학교에서 돌아오면 갖가지 과외활동 교사에게 아이를 맡긴다. 초등학교라도 들어가면 아이가 학교에서 돌아오자마자 이 학원 저 학원 로드매니저처럼 데려다주고 데려오는 일에 매우 열성적이다. 하지만 정작 내 아이가 지금 무슨 생각을 하고 있는지, 어떤 감정 상태인지, 무엇을 배우고 있는지, 배우는 것 중 무엇을 알고 무엇을 잘 모르는지 알지 못한다. 직장에 다니는 것도 아니고 그렇다고 집에서 특별한 일을 하는 것도 아닌데 남의 손에 맡겨 아이를 키우고 있다면 한번쯤 '나는 어떤 엄마인지?' 곰곰이 생각해봐야 한다.

다른 사람에게 아이를 맡기면 내 아이가 어떤 상태인지 정확하게 알 수 없다. 아이의 상태를 잘 모르면 학습지 교사나 학원 교사의 말에 귀를 기울일 수밖에 없고, 다른 사람들의 "뭐뭐 카더라"에 솔깃해 따라다닐 수밖에 없게 된다. 일하는 엄마라 하더라도 당신 아이는 당신이 직접 챙겨야 한다. 그래야만 내 아이의 특성이 무엇인지, 어떤 활동을 좋아하고 어떤 활동을 싫어하는지, 또 어떤 것을 알고 어떤 것을 모르는지 대충이라도 알 수 있다. 내 아이를 알아야 내 아이에게 맞는 교육을 시킬 수 있다는 점을 잊어서는 안 된다.

아이는 엄마 행동을 보고 그대로 따라한다는 사실을 기억하자

당신은 당신 아이에게 어떠한 본보기를 보여주고 있는지 솔직하게 생각해보라. 거울 속에 비친 당신의 모습은 어떠한가? 아이의 모습이 바로 당신의 모습이 아닌가!

아이들은 함께 생활하는 엄마를 보면서 엄마의 행동과 습관은 물론이고, 가치관과 말투까지 그대로 보고 배운다.

유아학교 아이들에게 '엄마' 하면 떠오르는 것이 무엇이냐고 질문해본 적이 있었다. 그랬더니 아이들의 대답이 '화장품, 텔레비전, 김치찌개, 참이슬병, 백화점, 컴퓨터, 양반김…'이었다. 초등학교 1학년 아이들에게는 엄마에게 가장 많이 듣는 말이 무엇인지 물어보았다. 아이들의 대답은 '밥 먹었니?, 공부해라, 숙제 했니? 동생 좀 봐라, 싸우지 마라, 안 돼, 하지 마, 잘 놀았니? 그만 자라!' 였다. 어린아이들의 꾸밈없는 대답을 들어본 당신은 어떤 생각이 드는가? 혹 당신의 아이도 그런 말을 하고 있지는 않은가?

아이들이 왜 그런 대답을 했는지 깊이 생각해볼 필요도 없다. 늘 집에서 엄마가 하는 것을 보아왔기 때문에 '엄마' 하면 그런 것들이 떠오르는 것이다. 엄마가 하루에 몇 시간씩 TV 앞에만 앉아 있으면서 아이에게 TV 보지 말고 공부하라는 말을 해봤자 소용이 없다. 엄마가 시간만 나면 컴퓨터 앞에 앉아 채팅이나 게임을 하면서 아이에게 게임하지 말라는 말도 아무 짝에도 소용없는 잔소리에 불과하다.

일부이긴 하겠지만 온갖 경험을 다 해봐야 한다며 아이에게 돈을 주고 밖에 나가 간식을 사먹으라고 하는 엄마도 있고, 라면을 끓여 먹는 법이나 혼자서 밥을 차려 먹는 법을 어린아이에게 일러주는 엄마도 있다. 또 아이를 강하게 키워야 한다며 겁에 질려 있는 아이를 물속에 집어넣고 억지로 수영을 가르치는 엄마도 있고, 엄마와 떨어지지 못해 울고불고 난리치는 아이를 강압적으로 캠프에 넣어버리는 엄마도 있다.

혹 당신도 그런 류의 엄마는 아니었는지 가슴에 손을 얹고 생각해보라! 이런 결정이 과연 진정으로 아이를 위한 결정이었나?

다른 집 아이에게도 박수를 쳐주자

내 아이가 칭찬을 받으면 당연한 것으로 여기지만 다른 아이가 칭찬을 받으면 속상해하면서 시기하는 엄마가 생각보다 많다. 또 내 아이가 학교에서 선생님한테 야단을 맞거나 벌을 받으면 이유를 따져보지도 않고 '왜 우리 아이만 미워할까?' 생각하면서 억울해하는 엄마도 적지 않다. 또 내 아이가 밖에 나가 다른 아이를 때리면 때릴 만해서 때렸을 것이라는 반응을 보여 아이 싸움이 엄마 싸움으로 변하는 것도 종종 보게 된다. 많은 엄마가 아이의 잘못을 인정하고 사과하기보다는 내 아이를 보호하려고 변명을 하고 방어하는 데에 급급하기 때문이다. 내 아이가 잘못된 행동을 했을 때 입이 떨어지기가 어려워도 잘못했음을 인정하고 사과할 줄 알아야 한다.

다른 사람의 성공을 시기하고 질투하면서 속상해하는 엄마 밑에서 자라는 아이는 결코 행복해질 수 없다. 이런 아이는 늘 다른 사람과 자기 자신을 비교하며 불평불만에 가득 차 만족의 기쁨을 모르고 살아갈지 모른다. 또 자기 잘못을 인정하지 않고 사과하지 않는 엄마 밑에서 자라는 아이도 다른 사람들로부터 인정받는 아이가 될 수 없다. 이런 아이는 자기 잘못은 인정하지 않고 남의 탓만 하기 때문에 주위 사람들로부터 싫어하는 대상 1호가 될 수도 있다.

엄마가 먼저 넓은 마음으로 다른 사람의 성공에 박수쳐주고, 아이가 잘못했을 때에는 잘못을 인정하고 진심으로 사과하는 모습을 아이에게 보여주어야 가슴이 따뜻한 아이로 자라게 된다.

집에서도 학교처럼 규칙을 정하고 지키게 하자

가정에서도 생활습관 교육에 좀더 신경을 써야 한다. 취학 전까지는 아이 마음대로 할 수 있도록 마냥 내버려 두다가 학교 갈 나이가 되었다고 갑자기 이래야 한다, 저래야 한다고 하면 아이는 스트레스를 받게 된다. 또 이미 좋지 않은 버릇이 굳어진 상태에서 학교에 들어갔다고 갑자기 고치라고 하면 아이는 '우리 엄마, 왜 저러지?' 하면서 의아해한다.

어릴 때부터 자기 일은 자기가 스스로 할 수 있도록 도와주고, 규칙을 정하고, 규칙을 지키는 연습을 시켜야 한다. 바른 생활습관이 몸에 배이면 굳이 따로 연습이나 훈련을 시키지 않아도 학교에 적응해 나갈 수 있다.

엄마가 변하면 변하는 엄마를 보고 아이도 자연스럽게 변해간다. 아이와 가장 많은 시간을 보내고 있는 엄마의 본보기가 그만큼 중요한 것이다. 특히 유아와 초등학교 교육의 본질은 본보기 교육이라 할 수 있다. 백 마디 말로 하는 것보다 단 한 번이라도 행동으로 보여주는 것이 아이들에게는 훨씬 효과적이라는 사실을 잊지 말자.

"우리 아이는 젓가락질이 서툴러요. 반찬을 잘 집어먹을 수 있을지 모르겠어요. 선생님, 포크도 나오나요?"

"우리 아이가 혼자서 제대로 밥을 먹을 수 있을지 모르겠어요. 밥을 잘 흘리는데…. 선생님이 좀 도와주세요."

"우리 아이는 아직 혼자서는 화장실을 못가요. 용변 후 뒤처리도 잘 못하는데요.…."

"선생님, 우리 아이는 혼자서는 아무 것도 못해요…."

초등학교 1학년 학부모회의 때 엄마들이 담임선생님에게 하는 부탁의 말이라고 한다. 초등학교 1학년 교사들은 1학년 학부모를 만나 이야기하다 보면 '내가 지금 탁아소에서 일을 하는 사람인 가!' 하는 의심이 들 정도로 시시콜콜한 부탁을 받는데 대부분은 '우리 아이 귀하게 커서 혼자서는 아무것도 못하니 선생님이 도와 달라' 는 내용이라고 한다.

"엄마, 물." "엄마, 우유." "엄마, 가방." "엄마, 모자." "엄마, 엄마, 엄마아…."

요즘 아이들, 필요한 게 있으면 무조건 엄마부터 찾는다. 엄마를 부르면 엄마는 달려와 모든 것을 알아서 다 해주기 때문이다. 가끔씩 잔소리를 하고 화도 내지만 그래도 엄마는 아이가 원하는 것은 무엇이든 해준다. 심지어는 아이의 숙제까지도 떠맡아 해준다. 아이가 학교에 들어가면 더욱 심하다. 준비물은 물론이고 책가방까지 엄마가 다 챙겨준다. 공부에 적극적인 엄마는 공부를 직접 가르치기도 하고 시험기간에는 옆에 앉아 가정교사처럼 시험문제까지 함께 풀어준다.

"다른 것은 엄마가 모두 다 해줄 테니 너는 공부만 열심히 해."라고 노골적으로 요구하는 엄마도 있다. 물론 요즘처럼 1등만 살아남는 치열한 경쟁사회에서 공부해야 하는 아이가 안쓰러워 공부 외에 다른 부담은 주지 않겠다는 엄마의 속마음을 모르는 것은 아니지만 지나치다. 이런 엄마 밑에서 자라는 아이는 스스로 무언가를 할 필요성을 전혀 느끼지 못한 채 성장하게 된다. 엄마가 다 알아서 해주는데 아이 스스로 해야 할 필요가 있겠는가?

아이들이 엄마에게 의존하는 것은 유전적으로 혹은 기질적으로 타고나서가 아니다. 엄마가 그동안 그렇게 키웠기 때문이다. 아이가 태어나서 두세 살이 되면 자율성이 형성되기 시작한다. 밥을 혼자 먹으려고 하고, 혼자서 신발을 신으려고 하고, 넘어지면서도 혼자 가려고 하는 등 자기 일은 자기가 하려고 한다. 그런데 음식을 흘린다고 밥을 먹여주고, 넘어진다고 손을 잡아주고, 손에 흙을 묻힐까 봐 신발을 신겨준다면 아이는 자율성과 독립성을 배울 기회를 놓쳐버리게 된다.

엄마가 다 해주며 키워놓고 아이가 사춘기가 된 후 혼자서는 아무것도 하지 않는다고 불평하고 한탄해봤자 소용없다. 아이들은 엄마가 해주는 것을 고마워하지 않는다. 너무나 당연하게 생각하기 때문에 "이제 다 컸으니 네 방 정리는 네가 하라"고 야단치고 잔소리를 해봤자 '우리 엄마가 갑자기 왜 저러지' 하는 식으로 무시해버리고 만다.

50, 60대 선배 엄마들의 얘기를 들어보면 공부만 하라며 다 해줬더니 커서는 "나를 왜 이렇게 아무것도 할 줄 모르는 바보로 키웠느냐!"며 도리어 엄마를 원망하고 비난해 기가 막히더라고 한다…. 후배 엄마들이 새겨들을 이야기이다.

엄마의 과보호 속에서 자라 독립심이 부족한 사람들 중에는 자신의 실패를 엄마 탓으로 돌리며 엄마를 원망하면서 불행한 삶을 사는 사람도 있다는 사실을 엄마들은 주목해야 한다. 그때 가서 후회하지 말고 지금부터라도 자기 일은 자기 스스로 할 줄 아는 아이로 키우라고 거듭 강조하고 싶다.

취학 전 만 3~6세가 기회이다. 이 때를 놓치면 선배 엄마들처럼 후회하게 될 수 있다. 그러기 위해서는 아이와 가장 많은 시간을 보내는 엄마의 태도가 바뀌어야 한다. 엄마는 아이가 스스로 해낼 수 있다는 사실을 믿고 단호한 태도를 보여야 아이는 갈등하지 않고 혼자서 해내려고 한다.

엄마가 다 해주다가 어느 날 갑자기 스스로 하라고 하면 의존적인 아이는 자신의 입장만 이야기하면서 계속해서 엄마에게 해달라고 조를 것이다. 또 혼자 할 수 없는 온갖 이유를 갖다 대면서 엄마가 해주지 않으면 안 된다고 징징거리기도 할 것이다. 아이가 울면서 해달라고 매달리거나, 애교를 부리면서 도와달라고 하거나, 왜 안 해주느냐고 화를 내면 엄마는 흔들리게 된다. 하지만 절대로 마음이 약해지지 말자. 아이들은 충분히 혼자서 해낼 수 있다. 혼자서 할 수 있는 일을 엄마가 대신 해주어서는 안 된다. 좋은 엄마는 아이가 자신의 일을 스스로 해낼 수 있도록 맡겨두고 이끌어주는 엄마라는 것을 잊지 말자.

기준을 정해주고 그 안에서 선택하게 해주자

엄마 마음대로 하지 않으면 성이 안차는 엄마는 옷도 신발도 하물며 머리 모양조차도 엄마가 원하는 대로 해야만 직성이 풀린다. 이런 엄마는 옷이나 신발, 가방조차 아이 맘대로 입지도, 신지도 못하게 한다. 이런 엄마 밑에서 자라는 아이는 아무것도 스스로 선택할 수 없다. 아이에게 일방적으로 이래라 저래라 하지 말고, 아이 스스로 선택하고 결정할 수 있게 해주자. 옷을 입고 다녀야 할 당사자도 아이이고, 가방을 들고 다닐 당사자도 아이가 아닌가!

'이렇게 할까? 저렇게 할까?' 사람은 누구나 순간순간 수많은 선택과 결정을 하면서 살아가게 된다. 우리가 한 끼 식사를 할 때도 '무엇을 먹을까!' 선택해야 한다. 옷이나 가방 등 물건을 사는 것 같은 아주 사소한 선택에서부터 학원을 선택하고, 학습지를 선택하고, 학교를 선택하는 등 비교적 큰 선택까지 우리는 수많은 선택과 결정을 하면서 살아가게 된다. 순간순간 이 모든 선택과 결정을 엄마가 다 해줄 수는 없는 일이다. 그리고 엄마가 대신 해주어서도 안 된다. 사람은 자기 스스로 선택하고 결정했다는 느낌이 들어야 책임감을 가지고 열심히 하게 된다.

　이제부터라도 자기 일은 자기가 스스로 선택하고 결정할 수 있게 해주자. 하지만 아이에게 모든 것을 다 맡길 수는 없다. 따라서 기준이 되는 큰 테두리는 엄마가 미리 정해 주어야 한다. 큰 테두리라고 하는 것은 수많은 것 중에서 엄마가 의도한 방향으로 선택의 폭을 압축시켜 놓은 것을 말한다. 예를 들어 학습지를 시키고자 할 때에는 우리 아이에게 맞는다고 생각되는 2, 3가지 학습지를 미리 선정해 놓은 후 그 중에서 아이가 선택하고 결정할 수 있게 해주는 것이다. 아이는 자기가 결정했다고 생각하지만 그 안을 들여다보면 엄마가 이미 정해놓은 범위 안에서 선택만 할 뿐이라는 사실을 알 수 있다.

물론 처음에는 미숙한 선택을 할 수도 있다. 몇 번의 시행착오를 겪을 수는 있지만 선택을 해보고 결정하는 횟수가 많아지면 많아질수록 아이는 자신에게 가장 좋은 선택이 무엇인지 차츰 알게 된다. 아이는 자신의 선택에 만족을 하면서 서서히 자신의 결정에 자신감을 얻게 된다. 이런 과정을 통해 아이는 다른 사람의 지시나 명령에 의해서가 아닌 본인 스스로 선택하고 결정하고 책임까지 질 줄 아는 아이가 되는 것이다.

만약 아이가 엄마의 의도와 다른 선택을 한다 해도 믿고 기다려주자. 사람은 누구나 몇 번의 시행착오를 겪은 후 자신에게 가장 좋은 선택과 결정을 내릴 수 있기 때문이다. 아이들에게 자신의 일은 자신이 선택하고 결정할 수 있는 기회를 주자. 엄마는 아이가 가장 좋은 길을 선택하고 결정할 수 있도록 큰 테두리만 인도하면 되는 것이다.

자기 일은 자기가 스스로 하는 아이로 키우려면 엄마가 일관성 있게 아이를 대해야 한다. 어떤 때는 규칙대로 하다가 어떤 때는 귀찮다고 내버려두는 등 이랬다저랬다 하면 아이의 의존적인 생활 태도는 고쳐지지 않는다. '스스로 하게 만들어야지' 하고 마음을 먹어도 대개 일회성으로 끝나고 마는 경우가 있다. 이런 일이 반복되면 엄마의 권위는 사라지고 아이는 온갖 핑계거리를 찾아 그 상황만 모면하면 된다는 식으로 행동한다. 엄마가 일관성 있게 아이를 대해야 아이의 태도가 변한다는 사실을 잊지 말자.

혼자 해냈을 때에는 듬뿍 칭찬을 해주자

초등학교 1학년 수업 시간. 선생님이 아이들에게 학습지를 나눠주며 "모두 함께 학습지를 풀자."라고 말한다. 하지만 영철이는 책상에 팔을 얹고 옆으로 앉아 공상에 빠져 아무것도 하지 않는다. 선생님이 영철이에게 다가와 "영철아, 학습지 이번 시간 안에 해서 검사받아야 한다."라고 하면 그 때는 시작한다. 하지만 선생님이 개별적인 관심을 보이지 않으면 아예 하려들지 않는다.

일선 교사들은 1학년 초기에 이런 아이들이 꼭 서너 명씩은 있는데, 점심시간에도 누가 식판에 밥을 받아다 주지 않으면 밥도 먹지 않아 골칫거리라며 적어도 학교에 들어오기 전에 자기 일은 자기가 스스로 할 수 있도록 가정에서 교육을 시켜야 한다고 강조한다.

의존적인 아이들의 특징 중 하나는 일대일로 관심을 보일 때에는 그나마 자기가 해야 할 일을 하지만 그렇지 않을 때에는 아예 하려들지 않는다는 것이다. 따라서 학교에 들어가기 전부터 "이제부터는 혼자서 해야 해."라고 말하면서 자기 일은 자기가 해야 한다는 사실을 깨닫게 해야 한다. 그리고 스스로 할 수 있도록 연습시켜야 한다.

그러기 위해서는 먼저 '왜 스스로 해야 하는지?' 를 설명해 주고, 아이가 스스로 할 때까지 기다려 주어야 하며, 아이가 스스로 해냈을 때 칭찬을 많이 해주어서 아이 스스로 '나도 할 수 있다'는 자신감을 갖게 해야 한다. 혼자서 해냈다는 성취감이 쌓이면 아이는 차츰 자신감이 생겨 무슨 일이든 혼자서 해낼 수 있다. 자신감만큼 해보겠다는 의욕과 동기를 불러일으키는 것은 없다.

우리 아이를 인격적으로 대우하고 있나?

나는 우리 아이를 인격적으로 대우하는 엄마일까, 아니면 일방적으로 지시하는 엄마일까?
다음 항목을 잘 읽고 맞는다고 생각되는 곳에 체크 해보자.

> **점수 계산하기**   그런 적이 별로 없다 – 1점
>
>   그럴 때도 있고 안 그럴 때도 있다 – 2점
>
>   항상 그렇다 – 3점

1. 나는 아이가 어떤 질문을 해도 성의 있게 답변해주려고 노력한다.
   1점 ☐ 2점 ☐ 3점 ☐

2. 나는 아이가 이야기할 때 끝까지 들어준다.
   1점 ☐ 2점 ☐ 3점 ☐

3. 나는 아이에게 어떤 일을 시킬 때 왜 그 일을 해야 하는지 미리 설명해준다.
   1점 ☐ 2점 ☐ 3점 ☐

4. 나는 아이에게 야단을 치거나 벌을 줄 때 무엇을 잘못했는지 정확하게 이야기해준다.
   1점 ☐ 2점 ☐ 3점 ☐

5. 나는 아이가 꼭 해야 할 일이 있을 때 기준을 세워 놓고 그 범위 안에서 아이 스스로 선택
   하고 결정할 수 있게 해준다.
   1점 ☐ 2점 ☐ 3점 ☐

결과 보기

　6점 이하: 아이에게 일방적으로 지시하는 엄마

　7점 ~ 11점: 아이를 인격적으로 대우하기 위해 좀더 노력해야 하는 엄마

　12점 ~ 15점: 아이를 인격적으로 대우하는 엄마

1. '학교는 즐거운 곳' 인식시키기
2. 규칙 지키기
3. 바른 생활습관 들이기
4. 예의바르게 행동하기
5. 자기감정 조절하기
6. 타인과 의사소통 잘하기
7. 수업시간에 주의집중하기

입학 전 습득해두어야 할
일곱 가지 적응기술

Part2 >>>

"세 살 버릇 여든 간다"는 말처럼 어릴 때 기본적인 생활습관과 태도를 길러주지 않으면 나중에 아이
가 커서 바로잡기 너무 어렵다. 아이가 어릴 때 주어진 일에 최선을 다하는 태도와 바른습관을 형성
시켜야 한다.
진정한 기초교육은 초등학교에 들어가기 전에 좋은 학습태도와 올바른 생활습관을 몸에 배도록 만드
는 것이다.

적응기술 하나 -
'학교는 즐거운 곳' 인식시키기

'학교에 간다는 것은 짜릿하게 흥분되는 일' 이라는 생각을 갖게
해주자

유태인 학교에서는 입학식날 신입생에게 '학교공부는 사탕과 같이
달콤하다' 는 것을 가르쳐주기 위해 알파벳을 적은 종이에 손가락
에 꿀을 찍어 글자를 쓰게 한 다음 빨아먹게 한다는 이야기가 있다.
공부는 꿀맛처럼 맛있고 달콤하다는 것을 알려주기 위한 이벤트성
행사겠지만 처음 학교에 들어가 공부를 시작하는 아이들에게는 공
부에 대해서 긍정적으로 생각하는데 도움이 될 수도 있다.
　처음 학교라는 사회에 들어가 잘 적응해 나가기 위해서는 우선
학교란 곳에 대해 호기심이 있어야 한다. 그리고 '학교는 즐거운

곳, 재미있는 곳'이라는 인상을 가져야 학교라는 낯선 환경에 접해도 아무 거부감 없이 쉽게 적응할 수 있다.

학교에 간다는 사실은 낯선 환경, 낯선 선생님, 낯선 친구를 만나 새롭게 적응해야 한다는 것을 의미한다. 그런데 가보지도 않은 학교 또는 학교 선생님에 대한 좋지 않은 이야기를 엄마나 아빠로부터 자주 듣게 되면 학교에 대한 부정적인 이미지를 가질 수밖에 없다. 따라서 엄마는 아이에게 학교는 즐거운 곳이고 학교에 가면 재미난 일들이 많이 있을 것이라는 호기심을 불러일으켜 주어야 한다. 학교는 가고 싶은 곳, 즐겁게 놀 수 있는 곳, 새로운 것을 배우는 곳, 새로운 만남이 기다리는 곳이라는 호기심이 있어야 학교에 가고 싶다는 기대감과 설레임을 갖게 해준다.

학교는 친구를 사귈 수 있고 함께 재미있게 놀 수 있는 곳

누구나 친하게 지내는 친구가 한 둘은 있을 것이다. 그 친구를 언제 어디서 만났는지 생각해보면 학교란 곳이 과연 공부만 하는 곳인지 다시금 생각해보게 한다. 학교는 공부를 하는 곳이기도 하지만 새로운 친구, 다양한 친구를 사귈 수 있는 곳이기도 하다.

요즈음은 핵가족에다가 외동아이도 많아 친구의 존재가 그 어느 때보다도 중요하다. 그런데 학교에 들어오기 전부터 이 학원 저 학원 바쁘게 돌아다니는 아이들이 많아 여유있게 친구를 사귈 기회가 예전보다 훨씬 줄어들었다. 게다가 도시의 경우 아파트생활이 많아 밖에 나가 친구들과 뛰어놀 기회조차 별로 없어 친구사귀기가 쉽지 않다. 학교에 다니지 않으면 친구를 사귈 기회가 훨씬 더 줄어들 것이다. 그만큼 학교에서 친구 사귀기는 중요한 일이다.

학교에 들어가면 새로운 친구를 만날 수 있고 그 친구와 재미있는 학교생활을 할 수 있다는 사실을 아이에게 알려주자. 학교에서 친구와 떠들고 장난치는 일이 얼마나 재미있는 일인지, 엄마나 아빠의 학창시절의 추억거리를 떠올려가며 재미난 옛날이야기 식으로 들려주는 것도 좋다. 또 방학을 하면 친구하고 놀 수 없어 빨리 개학하기를 기다렸던 이야기도 해주자. 또 학교에 들어가면 체육시간이 있는데 체육시간에 반 친구들과 운동장에서 재미있게 뛰어놀면서 깊은 우정을 만들어 갈 수도 있다는 이야기도 들려주자. 여러 아이들과 재미있는 피구도 할 수 있고 좋아하는 축구도 할 수 있으며 땅따먹기, 망치기 등의 민속놀이도 할 수 있다고 기대하게 해주자.

학교에 대해 긍정적인 생각을 갖게 만드는 다섯 가지 방법

첫째, 학교에 대해 겁을 주지 말자

아이들이 학교나 선생님에 대해 부정적인 인상을 갖는 이유 중 하나는 엄마가 무심코 뱉는 "학교에 가서 그렇게 행동하면 선생님한테 혼난다." "학교 선생님은 무서워. 그러니까 선생님이 시키는대로 선생님 말씀 잘 들어야 해." "너 그렇게 공부 안하다가는 학교에 가서 꼴등하겠다"와 같은 말 때문이다. 버릇 들인다고 하는 이런 말이 학교에 대한 부정적인 이미지를 심어줄 수 있으므로 조심해야 한다. 학교 간다는 사실에 기대감에 부풀어 있던 아이도 엄마나 아빠로부터 '학교 선생님은 무섭다' 는 이야기를 자주 듣게 되면 학교에 대해 겁을 먹게 되고 그러면 점차 학교가는 것이 부담스럽고 싫게 된다. 선생님은 무섭다는 인상을 주지 말고 선생님도 엄마 아빠와 똑같이 친절하고 어려운 것을 해결해주시는 분이라는 생각을 가질 수 있도록 해주어야 한다.

학교에 대해서 부정적인 이야기를 하는 대신에 "책상 앞에 앉아 30분 이상 집중을 잘 하는 것을 보니 벌써 초등학생 형아 같은데." "정리정돈 잘하는 것을 보면 학교 선생님이 깜짝 놀라시겠는 걸." "동생과 싸우지 않고 잘 노는 것을 보면 아마 학교에 가서 친구들에게도 인기 짱일 거야."

"엄마는 네가 학교에 가면 잘할 것이라 믿는다"는 긍정적인 말을 많이 해줌으로써 아이가 학교에 가면 잘할 수 있다는 자신감을 갖게 해주는 것이 무엇보다도 중요하다. 낯선 환경에 적응하는 데 어려움을 겪는 아이라면 학교는 즐겁고 재미난 곳이라는 이야기를 자주 해주어서 편안한 마음으로 입학을 기다릴 수 있게 해주어야 한다.

둘째, 세상은 위험한 곳이 아니라 즐겁게 살 만한 곳이라는 생각을 심어주자

"학교에 가면 고학년 형들이 때리기도 한대. 돈을 뺏거나 하는 일도 있다고 하더라. 같은 반 친구 중에도 왕따를 시키는 아이도 있다고 하니까 아무하고나 놀지 마. 학교에 가면 선생님 말씀 잘 들어야해. 알았지? 학교 끝나면 곧바로 집에 오는 거야. 나쁜 친구와는 놀지도 말구. 친구네 집에 가지 말고 그 친구를 집으로 데려와."

아이를 앉혀놓고 이런 말을 하는 엄마도 있다. 이런 엄마는 아이에게 세상 밖은 위험한 일이 많다는 것을 강조한다. 세상에 대한 걱정이 많은 이런 엄마는 아이를 지나치게 과보호해 혼자서는 아무것도 할 수 없는 아이로 만들어버린다. 불안감이 많은 엄마가 아이에게 세상은 위험한 곳이라고 인식시키면 아이는 엄마와 쉽게 떨어지지 못해 학교에 가는 것을 두려워할지도 모른다. 이런 아이들은 학교에 들어가서도 선생님이 다른 아이와 자기를 똑같이 대한다는 것에도 쉽게 적응하지 못하고 선생님이 나만 미워한다는 식으로 이야기한다.

아이에게 세상에 대한 두려움과 불안감을 주는 이야기는 하지 말아야 한다. 대신, 아이에게 이 세상이 얼마나 따뜻하고 살 만한 곳인지 알 수 있는 이야기를 아이에게 들려주자. 예를 들어 '아픈 친구의 병원비를 마련하기 위해 바자회를 열거나 돈을 모금해준 초등학교 친구들 이야기나, 어렵고 힘든 가정의 아이에게 따뜻한 사랑을 주었던 좋은 선생님 이야기' 등 따뜻한 이웃이 우리 주변에는 많고 그 이웃과 함께 할 수 있는 우리 사회는 살 만한 곳이라는 생각이 들 수 있도록 해주자.

셋째, 형, 오빠, 누나, 언니가 된다는 기쁨을 알게 해주자

'학교에 들어가면 나도 티머니 카드 만들 수 있는데…. 빨리 학교에 들어갔으면 좋겠다.'

유아학교에 다니는 아이 중에는 빨리 학교에 들어가 형이나 언니처럼 교통카드를 만들어서 당당하게 지하철이나 버스에 카드를 대고 나가고 싶어하는 아이들도 있다. 이런 아이들은 빨리 3월이 되어야 아이가 아닌 학생이라는 호칭을 들을 수 있다며 좋아한다. 유아학교에 다니는 취학 전 아이들에게는 초등학교에 들어간다는 그 사실이 형이나 누나, 언니, 오빠가 된다고 생각하기 때문에 자신도 모르게 '나도 이렇게 많이 컸다'는 뿌듯한 마음이 생기는 것이다. 엄마 아빠도 아이를 부르거나 지칭할 때에도 "우리 이쁜 똥강아지"와 같은 유아적인 언어는 삼가하자. '이제는 형이 된다'는 뿌듯함을 느껴볼 수 있게 의젓한 형처럼 대우해주어야 한다.

넷째, 학교에 대한 호기심을 갖게 해주자

학교에서는 교실에서 공부만 하는 것이 아니고 다양한 행사가 있어 친구들과 재미있게 보낼 수 있다는 이야기를 해주어서 학교에 대한 호기심을 불러일으켜 주는 것이 좋다. 소풍이라는 것이 얼마나 재미있는지 소풍에 대한 엄마 아빠의 즐거운 추억거리도 아이들에게는 학교에 대한 호기심을 유발시키는 데 도움이 된다. 또 글짓기 대회나, 그림대회, 각종 경시대회 등 다양한 행사가 있는데 여기서 상을 타면 엄마, 아빠, 선생님에게 많은 칭찬을 받을 수 있고 또 원하는 물건을 상으로 받을 수 있어 그것도 즐거운 일이라는 것도 알려주자. 지켜야 할 규칙이 많아 힘들 때도 있지만 날마다 새로운 일이 일어나고 많은 친구들과 함께 지낼 수 있어 집보다 학교가 더 재미있다고 생각하는 아이들도 있음을 알려주면 학교에 대한 호기심이 생긴다.

다섯째, 입학 전에 배정받을 학교에 자주 데리고 가자

만약 낯선 환경에 적응하는 데 시간이 많이 걸리고 내성적이며 소심한 성격의 아이라면 틈틈이 엄마 아빠와 아이가 함께 배정받을 학교에 가서 놀다 오는 것도 좋은 방법이다. 주소지 별로 학교를 배정받기 때문에 지금 살고 있는 지역에서는 어느 학교로 배정받을 수 있는지 알 수 있다. 그 학교에 가서 자전거를 타보기도 하고 축

구공을 가지고 가서 축구도 해보고 철봉에 매달려보기도 하고 모래
장난을 해보기도 하면 아이는 심리적으로 그 학교와 상당히 가깝게
된다.

입학을 한두 달 앞둔 시기에는 1학년 교실은 어디에 있는지, 화
장실은 어디 있는지 둘러보면 큰 도움이 된다. 또 걸어서 학교까지
얼마나 시간이 걸리는지 아이와 시간을 재보기도 하고, 조심해야
할 곳은 없나 건널목은 몇 군데나 되는지 아이와 함께 체크해보는
것도 도움이 된다.

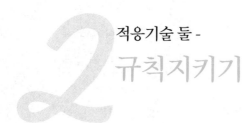

적응기술 둘 -

규칙지키기

초등학교는 규칙을 배우는 곳

대한민국 국민이라면 누구나 다 일정 기간 동안 교육을 받아야 하는 정식 교육기관이 학교이다. 아이들은 학교생활을 통해 다양한 지식과 경험 그리고 여러 사람과 더불어 함께 살아가는 방법을 배운다. 또 학교는 친구들과 함께 뛰놀고 함께 세상살이를 배우는 곳이기도 하다. 만약 이러한 학교에 규칙이 없다면 어떻게 될까? 엄청난 혼란 속에서 모두 다 기진맥진할 것이다. 아이에게 정해진 규칙이 없는 교실을 상상해보게 하자.

선생님은 아이들에게 "학교에 오자마자 알림장을 선생님 책상 위에 올려놔" "수업 시간에 돌아다니지 마!" "왜 그렇게 오니?" "수업 시간에 과자를 먹으면 안 돼!" 처럼 어떤 일을 어떻게 해야 하는지 매번 말해주어야 하고 아이가 무엇을 하고 있는지 항시 신경 써서 봐야 한다. 아이들은 아이들대로 "우리 선생님은 소리만 질러!" "우리 선생님은 항상 선생님 기분대로 하셔" "나 오늘 공부하기 싫어서 집에 갈래" "내가 뭘 잘못해서 선생님이 내게 화를 내시지?" 등 화가 나고 짜증이 난다. 학교뿐 아니라 아이들이 많은 시간을 보내는 가정, 학원, 하물며 과외활동 시간에도 규칙을 정해 놓지 않으면 무질서와 혼란 속에서 엉망이 된다. 규칙이 없는 선생님 밑에서 공부하는 아이들도 너무 힘들어 선생님에게 화가 날 것이다. 이런 이유로 모든 조직에는 규칙이 있다는 사실을 아이에게 설명해주자.

어떤 일을 할 때, 여럿이 다같이 지키기로 약정한 질서 또는 표준, 이것이 규칙의 사전적 의미이다. 다른 말로 아이에게 기대하는 행동이나 태도를 미리 말로 혹은 문서로 만들어 놓는 것을 규칙이라고 할 수 있다. 규칙을 정해 놓아야 혼란이 없고 다른 사람에게 신체적, 물질적, 정신적인 피해도 주지 않게 된다. 규칙은 공동체를 체계적으로 만들어주고, 공동체 구성원들 간의 관계를 원활히 해주는 매우 중요한 요소이기 때문이다.

아이가 학교에 들어가 스트레스를 받는 가장 큰 원인은 새로운 환경에 정해져 있는 새로운 규칙과 질서를 배워나가야 하기 때문이다. 따라서 아이가 학교에 들어가 적응을 잘 하려면 규칙을 잘 지키는 아이로 키워야 한다. 하지만 정해진 규칙지키기가 중요하다고 해서 무조건 "이렇게 해야 해, 저렇게 해야 해, 이렇게 하지 마, 저렇게 하지 마"라고 지시한다고 해서 아이들이 규칙을 잘 지키는 것은 아니다.

　우선 '규칙이란 무엇이고, 왜 규칙을 지켜야 하는지?' 부터 차근차근 알아듣기 쉽게 설명해주고, 아무리 하기 싫어도 반드시 해야 할 일이 있다는 사실과 정해진 규칙은 꼭 지켜야 한다는 사실을 깨우쳐주어야 한다. 규칙을 정하는 일에 아이도 참여시키고 스스로 자기가 정한 규칙을 지켜나가려고 하는 노력을 통해 아이는 자율성과 책임감을 배우게 된다.

규칙을 잘 지키는 아이로 키우는 여섯 가지 방법

규칙을 정하고 정해진 규칙을 잘 지키겠다는 약속은 아이의 바른생활 습관 형성에 매우 중요한 일이다. 규칙을 정하고 약속을 하는 것만으로도 엄마의 잔소리를 줄일 수 있고 아이와의 사소한 다툼도 피할 수 있다. 이미 정해놓은 규칙과 약속이 모든 것을 설명해주기 때문이다. 정해진 규칙을 잘 지키는 책임감 있는 아이로 키우려면 가정에서부터 아이가 지켜야 할 규칙들을 정해놓고 그것을 지키게 하는 연습이 필요하다. 명확한 규칙이 있고 그것을 철저하게 지켜야 한다는 것을 가르치면 아이는 금방 받아들이게 된다.

첫째, 어릴 때부터 해도 되는 일과 해서는 안 되는 일의 한계를 정해주자

말귀를 알아들을 수 있는 3, 4세가 되면 엄마는 아이가 '해도 되는 일'과 '해서는 안 되는 일'을 구별할 수 있게 가르쳐야 한다. 이때는 너무 어려 왜 규칙을 지켜야 하는지와 같은 설명은 필요하지 않다. 엄마가 '허락하는 행동'과 '허락하지 않는 행동'의 범위만 정확하게 알려주면 된다.

한계를 정해줄 때에는 어떤 행동은 해도 되지만 어떤 행동은 절대로 해서는 안 된다는 점을 분명하게 말해 주어야 한다. 예를 들어 "집안에서 물을 뿌리며 놀면 안 돼. 하지만 목욕탕에서는 물을 뿌리면서 놀아도 괜찮아"와 같이 '허용이 되는 행동'과 '허용이 되지 않는 행동'을 분명하게 구분지어 알려주어야 한다. 아이가 잘못된 행동을 할 때 그때그때 지속적으로 일관성 있게 잘못을 지적해 주어야만 아이는 해서는 안 된다는 사실을 알게 되고 다시 그 행동을 하지 않는다.

둘째. 모든 규칙은 아이 스스로 정한다는 느낌이 들게 하자

가정에서 규칙을 정할 때 가장 먼저 해야 할 일은 '왜 규칙을 지켜야 하는지'를 아이가 이해할 수 있도록 쉽게 설명해주는 것이다. 그 다음, 아이의 행동 하나하나에 규칙과 약속을 정해야 하는데, 취학 전 연령인 만 5, 6세 정도가 되면 엄마가 일방적으로 규칙을 정하는 것보다 아이와의 대화를 통해 협상 후 규칙을 정하는 것이 훨씬 더 효과적이다. 그래야만 아이 스스로 규칙을 지키려고 노력하게 된다.

셋째, 규칙은 온 가족이 모여 있을 때 정하자

규칙정하기와 약속하기는 온 가족이 모여 있을 때 하는 것이 좋다. 그래야만 묵시적으로 가족간 동의가 이루어진 셈이 되어 '규칙을 지켜야 한다' 는 의무감이 생기고 약속을 지키지 못했을 때 받아야 할 벌도 불만 없이 받아들일 수 있다.

넷째, 점검표를 만들어 체크해 나가자

규칙을 정한 다음에는 일관성 있게 적용시키는 것이 매우 중요하다. 또한 규칙을 잘 지켰을 때에는 상을 주어야 하지만 반대로 지키지 않았을 때에는 벌도 주어야 한다. 그래야 아이가 규칙지키기의 중요성을 인식하고 지키려고 노력한다. 이 때 점검표를 만들고 스티커를 사다가 규칙을 잘 지켰을 때 하나씩 붙이게 하면 효과적이다. 중요한 것은 엄마의 일관성 있는 태도이다. 어떤 때는 약속대로 하고 어떤 때는 귀찮다고 하지 않으면 아이는 헷갈려 규칙지키기의 중요성을 배우지 못한다. 아이가 울고불고 난리치면서 소란을 피운다 해도 엄마는 정해진 규칙대로 실행해야 아이의 떼쓰는 버릇도 고칠 수 있다.

[규칙지키기 점검표의 예]

규 칙	월	화	수	목	금	토	엄마의 의견
1. 놀던 장난감 스스로 정리하기	○	○	○	○	○	○	참 잘했어요
2. 외출하고 들어와 옷 걸어놓기	○		○		○		좀더 노력하세요

일단 규칙이 정해지면 엄마는 정해 놓은 규칙을 잘 지켰을 때와 지키지 않았을 때의 결과에 대해서 미리 약속해 놓는 것이 좋다. 모든 아이들이 다 약속대로 행동하는 것은 아니기 때문이다. 예를 들면, '자기가 가지고 놀았던 장난감은 자기가 정리한다' 는 규칙이 정해졌는데 장난감을 정리하지 않을 때에는 어떻게 할 것인지 아이에게 물어보고 대비책을 세워놓는 것이다. 아이가 규칙을 잘 지켰을 때 칭찬과 보상을 해주어야 하지만 반대로 규칙을 지키지 않았을 때에도 약속한 대로 벌을 주어서 규칙은 반드시 지켜야 한다는 사실을 알게 해야 한다. 하지만 어린아이들에게 "네가 그러면 다시는 너하고 놀아주지 않을 거야"와 같이 협박을 하거나 "또 약속을 어기면 때려줄 거야"와 같은 겁주는 방식은 바람직하지 않다. "TV 못보기" "하룻 동안 게임 못하기" "엄마에게 책 한쪽 읽어주기"와 같은 벌을 정하고, 아이가 규칙을 지키지 않을 때에는 그냥 약속대로 정해진 벌만 주면 된다.

또래 아이들과 함께 즐길 수 있는 축구나 야구, 피구와 같은 구기종목 운동을 시키는 것도 효과적이다. 여러 친구들과 함께 참여하는 운동경기를 통해 게임의 규칙이나 페어플레이의 원칙, 규칙지키기의 중요성을 가르칠 수 있다.

규칙지키기의 소중함을 알려주는 대화

엄마 | (다정하게) 영희야, 너희 유치원에서도 꼭 지켜야 할 규칙이 있지?

영희 | 네. 싸우지 않기, 친구 때리지 않기, 자기가 가지고 논 장난감 제자리에 갖다 놓기, 이런 거 있어요.

엄마 | 만약에 지금 네가 다니고 있는 유치원에 규칙이 없다면 어떻게 될까? 한번 상상해 봐.

영희 | 음음… 애들이 장난감 가지고 싸울 것 같아요. 그리고 분명히 막 때리는 아이도 있을 거예요. 엄마, 철수는 아마 맨날 아이들 장난감 다 뺏고 그럴 거예요. 그리고 장난감이 여기저기 굴러다닐 거예요.

엄마 | (자상하게) 그렇구나. 아이들이 서로 장난감 가지고 싸우고, 가지고 놀던 물건을 치우지 않고 있다가 다른 친구가 그것을 밟고 넘어져서 울면 교실이 난장판 되겠지?

영희 | 맞아요. 지난번에 선생님이 잠깐 교무실 가셨었는데 그때 우는 아이, 싸우는 아이, 엄청 시끄러웠어요.

엄마 | 그렇기 때문에 유치원에서 미리 규칙을 정해놓는 거야. 우리 집에도 규칙이 있는 거 알지?

영희 | 지난번에 엄마와 약속한 거요?

엄마 | 그래. 밥을 먹은 후에는 그릇을 설거지통에 넣기, 가지고 논 장난감 제자리에 갖다 놓기, 친구 집에 갈 때는 미리 엄마에게 이야기하기, 인터넷 게임 많이 안하기, 9시 30분에는 방에 들어가 잠자기… 그런 것들이 우리 집에서 꼭 지켜야 할 규칙이지. 이제 규칙이 무엇인지, 왜 규칙을 지켜야 하는지 알겠지?

영희 | 네.

엄마 | 규칙이란 집에서 매일 규칙적으로 하는 습관과 같은 거라고 할 수 있어. 매일 규칙적으로 되풀이되잖아. 매일 지켜야 할 규칙들이 깨지면 엉망이 되어 편히 살 수 없거든.

영희 | 엄마, 나는 규칙을 잘 지키는 편이지요?

엄마 | (꼭 안아주며) 그럼. 우리 영희는 규칙을 잘 지키는 착한 어린이지….

3

적응기술 셋 -

바른 생활습관 들이기

아침형 아이가 학교적응이 빠르다

"아침밥 꼭 먹여서 여유있게 학교에 보내주세요."

초등학교 중학교 고등학교 입학식 때 담임선생님이 학부모에게 으레 전하는 당부의 말이다. 그만큼 아침에 늦게 일어나 밥도 못 먹고 준비물도 챙기지 못한 채 헐레벌떡 학교로 뛰어오는 아이들이 많다는 얘기다. 처음으로 학교라는 사회에 발을 내딛는 아이에게 늦게 일어나 허둥대며 학교에 가게 해서는 안 된다.

아침에 일어나지 못하는 아이들이 참 많다. 그런데 많은 엄마가 아이들의 이런 생활습관을 대수롭지 않게 여긴다. 야행성 생활을 하는 엄마는 아이가 늦게 자는 것을 당연하게 여긴다. 한창 성장기에 있는 어린아이가 늦게 자고 늦게 일어나는 것을 내버려 두어서는 안 된다. 일찍 일어나는 아이로 키워야하는 이유는 다음과 같다.

어린 아이들은 일찍 재울수록 건강하고 똑똑하다

늦게 자고 늦게 일어나는 생활습관이 몸에 밴 아이들은 피곤하기 때문에 매사 의욕이 없고 공부에 집중하기가 어려울 뿐 아니라 사소한 일에도 화를 잘 내는 등 정서적으로 안정되지 못한 경우가 많다. 잠은 우리 몸에 배터리를 충전시키는 것과 같아서 잠을 잘 자야 몸과 마음이 건강하다. 따라서 낮 시간 동안 최상의 컨디션을 유지하게 하기 위해서는 일찍 재워 충분히 잠을 잘 수 있도록 해 주어야 한다.

성장호르몬은 밤 11부터 새벽 2시까지 활발히 분비된다

뇌하수체 전엽에서 분비되는 성장호르몬은 뼈의 성장과 근육을 증가시키기 때문에 한창 자라는 아이들에게는 매우 중요한 호르몬이다. 성장기 아이들에게 매우 중요한 성장호르몬은 주로 밤 11부터 새벽 2시까지 활발히 분비된다. 특히 잠든 지 1시간~1시간 30분 사이에 가장 많이 분비되는 것으로 알려져 있다. 이 시간에 깨어 있으면 성장호르몬은 적게 분비되므로 성장기 아이들은 반드시 일찍 재워야 한다. 그래야만 키도 쑥쑥 큰다.

아침에 일찍 일어나면 오전 학교 수업이 알차다

초등학교 때에는 시간표를 짤 때 아침 1, 2교시에 초등교과에서 가장 중요한 과목이라고 할 수 있는 국어와 수학을 집중적으로 배치한다. 아이들은 아침에 집중을 잘 하기 때문이다. 그런데 늦게 일어나 아침밥도 먹지 못하고 허둥지둥 학교에 가 교실에 앉으면 배가 고파 선생님의 설명이 머리 속에 잘 들어오지 않는다. 이렇게 되면 공부가 제대로 될 리 없다.

모든 중요한 시험은 아침에 치러진다

시험을 잘 보려면 시험 보는 아침 시간에 최상의 컨디션을 유지해야 한다. 그러기 위해서는 아침에 일찍 일어나는 습관이 몸에 배야 한다. 모든 중요한 시험은 아침에 치러지기 때문이다. 물론 초등학교 1, 2학년 때는 정규시험이 없지만 초등 고학년이 되면 시험을 치르게 된다. 더욱이 중학교에 들어가면 1년에 4차례씩 정기적인 시험이 있는데, 대개 오전 9시에 시험이 시작돼 늦어도 12시 이전에는 끝난다. 공부하는 학생이 자기의 실력을 평가하는 시험에서 좋은 성적을 거두려면 시험이 치러지는 아침에 최상의 컨디션을 유지해야 자신의 실력을 충분히 발휘할 수 있다. 늦게 자 아침에 일어나지 못해 헐레벌떡 학교에 가게 해서는 안 되는 이유가 여기에 있는 것이다.

생활 습관은 하루아침에 바꿀 수 없다. 취학 전부터 일찍 자고 일찍 일어나는 생활 습관을 몸에 배게 해 주자.

나는 어떤 엄마일까?

다음 항목을 잘 읽고 맞는다고 생각되는 곳에 체크를 해 어떤 스타일의 엄마인지 알아보자.

점수 계산하기   항상 그렇다 – 3점

그럴 때도 있고 안 그럴 때도 있다 – 2점

그런 적이 별로 없다 – 1점

1. 나는 전날 아무리 늦게 잤더라도 우리 아이가 유아학교에 가기 전에는 일어난다.

  1점 ☐ 2점 ☐ 3점 ☐

2. 나는 아침에 일찍 일어나 아침밥만은 꼭 챙겨 먹인 후 아이를 유아학교에 보낸다.

  1점 ☐ 2점 ☐ 3점 ☐

3. 나는 아침에 밥과 국을 차려주지는 않지만 우유와 빵, 시리얼 등이라도 꼭 먹이고
유아학교에 보낸다.

  1점 ☐ 2점 ☐ 3점 ☐

3. 나는 도시락을 싸야 할 일이 생길 때 힘들더라도 정성껏 도시락을 싸준다.

  1점 ☐ 2점 ☐ 3점 ☐

4. 나는 우리 아이가 유아학교에서 어떤 점심을 먹고 있는지 급식의 메뉴 정도는 대충 알고
있다.

  1점 ☐ 2점 ☐ 3점 ☐

5. 나는 우리 아이가 유아학교에서 어떤 태도로 활동하는지 알기 위해 담임선생님과 자주
상담한다.

  1점 ☐ 2점 ☐ 3점 ☐

결과 보기 | 12점 - 15점: 자녀에 대해서 관심이 많은 엄마.

      7점 - 11점: 자녀에게 좀 더 관심을 기울여야 하는 엄마.

      6점 이하: 자녀에게 관심이 별로 없는 엄마.

초등학교 1학년 등교시간은 아침 8시 30분에서 40분 사이로 유아학교보다 빠르다. 이 시간에 맞춰 등교하려면 적어도 아침 7시-7시 30분에는 일어나야만 여유 있게 아침밥을 먹고 준비물을 챙겨서 학교에 갈 수 있다. 따라서 유아학교 때부터 아침에 일찍 일어나 아침밥 먹고 여유 있게 가는 습관을 길러주어야 한다.

"세 살 버릇 여든 간다."는 속담이 있듯 잘못된 아침생활이 습관으로 굳어지면 고치기 힘들다. 또 이미 습관으로 굳어진 상태에서 고치려면 그만큼 많은 시간과 노력이 든다. 아이를 위해서 지금부터라도 일찍 자고 일찍 일어나는 습관을 길러주어야 한다. 학교 가기 전 1시간을 어떻게 보내느냐에 따라 아이의 학교생활이 달라진다. 엄마가 사랑하는 아이에게 남겨줄 최고의 유산은 아침에 일찍 일어나는 습관을 길러주는 것이다. 아침을 일찍 준비하는 부지런한 아이는 자신의 삶을 풍요롭게 가꾸는 어른으로 성장하기 때문이다. 아이가 지금 유아학교에 다니고 있다면 지금이 좋은 기회다. 일찍 자고 일찍 일어나는 아침형 아이로 키워야 한다.

아침에 혼자서도 잘 일어나는 아이로 키우는 세 가지 방법

"우리 아이는 아무리 깨워도 일어나지 않아요. 아침마다 아이 깨우는 일로 화가 머리끝까지 나요."
"밤늦게까지 텔레비전을 보고 아침에 못 일어나 허둥지둥 뛰어 나가는 아이 때문에 혈압이 올라요."

"5분만 더, 5분만 더, 하는 아이와 남편을 깨우다보면 아침부터 진이 다 빠져요. 지각하도록 그냥 버려둘 수도 없고…. 치밀어오는 화를 참아내느라 아침이면 얼굴이 벌개진다니까요."

아이가 아침에 일어나지 않아 깨우는 문제로 엄마와 아이의 관계가 나빠지는 경우가 많다. 안 일어나는 아이를 깨우느라 엄마는 엄마대로 화가 나고, 아이는 아이대로 아침부터 혼나고 일어나 기분이 나쁘다.

요즘 아이들 대부분 엄마에게 의존적이기 때문에 스스로 일어나기는 어렵다. 아이들이 스스로 일어나지 못하는 것은 그동안 엄마가 그렇게 하도록 내버려두었기 때문이다. 이제부터라도 아이 스스로 일어날 수 있도록 도와주자. 스스로 일어나는 아이로 키우면 아침부터 엄마와 아이가 일어나는 일로 얼굴 붉힐 일은 없다.

첫째, 우리 아이의 아침 생활 습관을 관찰한다
아침에 일어나서 유아학교에 갈 때까지 우리 아이 모습이 어떠한지 '우리 아이 아침 생활 습관 체크리스트'를 읽어보고 체크해보자.

둘째, '왜 일찍 자고 일찍 일어나야 하는지?'를 합리적으로 설명해준다
어느 날 갑자기 일찍 자고 일찍 일어나야 한다고 하면 아이들은 의아하게 생각할 것이다. 지금까지 올빼미 생활을 했던 엄마가 그런 말을 한다면 더더욱 의아하게 생각할 것이다. 따라서 '왜 일찍 자고 일찍 일어나야 하는지?' 아이에게 설명을 해주어야 한다. 아무

우리 아이 아침 생활 습관 체크리스트

다음 항목을 잘 읽고 맞다고 생각되는 곳에 체크해보자.

1. 아이가 아침에 깨우지 않아도 스스로 일어나는가?

    그렇다 ☐　그렇지 않다 ☐

2. 아침에 한 번만 깨우면 곧바로 일어나는가?

    그렇다 ☐　그렇지 않다 ☐

3. 아침에 밥을 먹고 학교에 가는가?

    그렇다 ☐　그렇지 않다 ☐

4. 학교에서 지각한 적이 없나?

    그렇다 ☐　그렇지 않다 ☐

5. 학교 준비물을 잘 챙기는 편인가?

    그렇다 (　)　그렇지 않다 (　)

결과 보기 ┃ '그렇지 않다' 3개 이상 – 빨간불 '비상'

　　　　　　'그렇지 않다' 2개 – 노란불 '주의'

　　　　　　'그렇지 않다' 1개 이하 – 파란불 '안정'

1. 나는 우리 아이를 몇 시에 깨우는가? ＿＿＿ 시 ＿＿＿ 분

2. 우리 아이는 몇 시에 일어나는가? ＿＿＿ 시 ＿＿＿ 분

3. 우리 아이는 몇 번 깨워야 일어나는가? ＿＿＿ 번

4. 아침에 일어나 유아학교 갈 때까지 우리 아이의 행동을 아래에 써보자.

런 설명도 하지 않고 '일찍 자고 일찍 일어나라'고 아이를 깨우면 아이는 '우리 엄마가 갑자기 왜 저러지' 하고 이상하게 생각한다.

아이가 아침에 일어나 어떻게 시간을 보내는지 정리해 놓은 것을 아이에게 보여주고, 아이와 함께 아침에 일찍 일어나는 것에 대해서 이야기해 본다. 먼저 학교는 특히 시간을 잘 지켜야 한다는 것을 알려주고, '왜 아침에 일찍 일어나는 게 좋은지? 도 찬찬히 설명해준다.

그 다음에 "엄마가 생각하기에 네가 아침에 너무 늦게 일어나 허둥지둥 유아학교에 가는 게 좋지 않다고 생각되는데 네 생각은 어떠니?"라고 물어본다. 아이의 이야기를 들어보고 그동안 엄마가 관찰한 것을 아이에게 이야기해준다. 그리고 유아학교는 몇 시에 시작하고 유아학교까지 가는 데 시간이 얼마나 걸리며, 세수하는 시간, 아침 먹는 시간이 어느 정도 걸리는지 따져보고 몇 시에 일어나는 것이 좋은지 아이와 상의한다.

이때 엄마 자신이 늦게 일어나서 곤란했던 경험이나 일찍 일어나서 좋았던 경험 등을 아이에게 이야기해주는 것도 도움이 된다. 그리고 "이제는 엄마가 일방적으로 일찍 일어나라고 소리를 지르지 않도록 네 스스로 일찍 일어나려고 노력했으면 좋겠다."는 엄마의 마음을 진심으로 전달한다. 엄마가 무조건 일찍 일어나야 한다고 강요하는 것보다 아이 스스로 계획을 세워 하루 일과를 머릿속에 그려보도록 하는 것이 더 낫다.

규칙을 정하고 약속을 하려면 엄마와 자식이라도 서로의 의견을 들어보고 협상을 해야한다. 엄마는 엄마의 의견을 이야기한 후 아이의 생각을 들어보고 아이와 함께 '일찍 자고 일찍 일어나기'를 위한 규칙을 정한다. 이때 앞에서 정리해 놓은 체크리스트를 아이에게 보여주면서 구체적인 규칙을 세우면 아이도 선뜻 약속을 하게 된다.

아이에게 할 수 있는 질문:

- 몇 시에 일어나야 아침밥을 먹고 여유 있게 준비해서 학교에 갈 수 있나?
- 그 시간에 일어나려면 몇 시에 자야 하나?
- 엄마는 아침에 몇 번까지 깨워줄 것인가?
- 약속한 만큼 깨워도 안 일어날 경우 어떻게 할 것인가?

〔서약서의 예〕

한아름의 일찍 자고 일찍 일어나기 서약서

1. 나는 7시 30분에 일어나겠습니다.
2. 아침에 일어날 때 엄마한테 짜증부리지 않겠습니다.
3. 아침밥 먹고 혼자서 옷 입고 책가방 챙기고 학교에 가겠습니다.

2005년 3월 15일

이름 **한아름**

엄마와 아이가 서로 이야기를 나눈 후 절충하는 시간을 갖고 서로 합의한 내용을 종이에 써서 문서로 남겨놓고 아이 방이나 거실벽 한 켠에 잘 보이도록 붙여놓는다. 가끔씩은 엄마도 잊어버릴 때가 있기 때문에 엄마와 아이가 모두 잘 볼 수 있는 곳에 붙여 놓으면 편리한다.

아이와 함께 일찍 자고 일찍 일어나는 계획표를 만들고 정말로 실천하고 있는지 점검표도 만들면 효과적이다. 점검표는 1주일 단위로 만드는 것이 좋다. 중요한 것은 아이 스스로 끝까지 해내는 것이다. 이런 과정을 통해서 아이는 '내가 해냈다' 는 성취감을 느끼게 된다. 엄마는 아이가 약속대로 잘 실천하지 못한다 하더라도 앞으로 더 잘 할 수 있다고 격려해 주어야 한다. 한두 번 해보았는데 효과가 없다고 도중에 그만두어서는 안된다. 포기하지 않고 꾸준히 노력할 때 서서히 달라지는 아이를 발견할 수 있다. '빨리빨리' 마음은 접고 천천히 기다려 주는 지혜가 필요하다.

이 때 주의할 점이 있다. 자신의 행동에 대한 결과는 아이 스스로 지게 해야 한다는 것이다. 만일 늦게 일어나 아침밥을 먹을 시간이 없다면 과감하게 그냥 가라고 말할 수 있어야 한다. 또 유아학교나 초등학교에 갈 시간이 다 되었는데도 일어나지 않는다면 그냥 내버려두어야 한다. 가방 등 준비물을 가져가지 않았을 때에도 엄마가 가져다주는 일은 하지 말아야 한다.

자신의 잘못된 행동 때문에 학교에서 야단을 맞는다 해도 그것은 엄마 때문이 아니라 자기 자신 때문이라는 것을 피부로 느껴봐야 한다. 자신의 행동에 대해서 자신이 책임을 져봐야 자신의 행동에 대해서 스스로 반성을 하고 고쳐야겠다는 생각을 하게 된다. 그래야만 자신의 잘못된 행동에는 결과가 따르고, 그 책임은 자기 자신에게 있다는 사실을 몸으로 배울 수 있다.

[일주일 생활 점검표의 예]

행동	월	화	수	목	금	토	엄마의 의견
약속한 대로 아침에 일어나기	○	○	○	○	○	○	참 잘했어요
아침밥 먹고 학교가기		○		○			좀더 노력하세요
스스로 옷 입고 가방 챙기기	○		○		○	○	노력하세요

잘했어요: ○ 잘한 점만 부각될 수 있도록 못했을 때는 아무런 표시를 하지 않는다.

스스로 정리하는 아이로 키우는 여덟 가지 방법

입고 온 겉옷은 옷걸이에, 신발은 가지런히 놓게 하고 가지고 논 장난감이나 책도 제자리에 두는 등 유아학교 때부터 자기 물건은 자기가 정리하게 해야 한다. 무조건 정리 좀 하라고 야단치면 오히려 역효과가 날 수 있으므로 어릴 때부터 "엄마가 장난감 정리를 해야 하는데 엄마 좀 도와줄 수 있겠니?"라는 말로 아이가 정리하고 싶은 마음이 들도록 유도하는 것이 중요하다.

아이들의 정리정돈 습관을 길러주기 위해서는 엄마가 먼저 항상 깨끗이 정리 정돈하고, 물건을 사용한 뒤에 제자리에 두는 습관을 가지고 있어야 한다. 아이에게 처음부터 어른처럼 완벽하게 정리정돈할 수 없으므로 정리가 서툴고 지저분하다 해도 일단 물건을 제자리에 갖다 두면 잘했다고 칭찬을 해주어야 한다. 정리정돈은 집안에 있는 물건을 엄마와 아이가 정한 분류방법에 따라 분류해보는 활동으로 수학의 집합개념을 연습시키는 데에도 도움이 된다.

첫째, 어디에 정리해둘 것인지 물건의 위치를 정한다

학용품은 학용품대로, 책은 책대로, 장난감은 장난감대로 분류 기준을 정하고 어디에다 놓을 것인지 물건의 위치를 정한다. 먼저 집안에 있는 모든 물건들의 자리가 지정되어 있어야 한다. 예를 들어 학용품은 아이 책상 첫 번째 서랍에, 미술용품은 두 번째 서랍에, 이런 식으로 위치를 정해주면 사용 후 제자리에 갖다 두면 된다.

둘째, 먼저 정리하는 방법을 가르쳐 준다

물건을 어떻게 정리해야 하는지 엄마가 먼저 시범을 보여주면서 정리하는 방법을 아이에게 알려준다.

셋째, 처음에는 도와주다가 차츰 도와주는 횟수를 줄여 나간다

취학 전 아이들은 아직 어려 정리를 잘 못할 수 있으므로 처음에는 엄마가 도와주다가 차츰 횟수를 줄이고 나중에는 혼자서 정리할 수 있게 한다.

넷째, 스스로 정리했을 때 크게 칭찬해주어야 한다

정리정돈하는 일은 누구에게나 귀찮고 하기 싫은 일이다. 그런데 아이 스스로 정리정돈을 했다면 크게 칭찬해주어야 한다. 칭찬과 격려를 받은 아이는 정리하는 것을 즐겁게 생각하게 되고, 정리한 뒤 깨끗해진 방을 보면서 스스로 만족감을 느끼게 된다.

다섯째, 정리를 쉽게 할 수 있는 수납공간도 만들어준다

어렸을 때부터 아이 스스로 자신의 물건을 정리하는 습관을 길러주기 위해 수납을 할 수 있는 가구를 하나쯤 준비해 두는 것도 도움이 된다. 늘어나는 아이의 물건들을 효과적으로 수납하기 위해서는 정리된 물건이 한눈에 들어올 수 있는, 서랍이 깊지 않은 수납가구가 편리하다. 자주 쓰는 물건은 아이 손이 쉽게 닿는 곳에 두어 아이 스스로 꺼내고 정리할 수 있도록 해준다.

여섯째, 아이가 치운 것을 다시 치우거나 대신 치워주지 않는다

아이가 방을 어질러 놓을 때마다 엄마가 쫓아다니며 치우면 아이는 치우는 것은 당연히 엄마가 할 일이라고 생각한다. 따라서 정리의 중요성을 가르친 다음에는 엄마가 대신 치워주는 일은 좋지 않다. 또 아이가 정리해 놓은 상태가 마음에 들지 않는다고 엄마가 다시 정리해서도 안 된다. 아이는 '내가 해도 엄마가 다시 할 텐데 뭘… 해봤자 소용없어' 라고 생각하기 때문에 치우지 않아도 된다고 생각한다. 아이가 정리를 해놓은 다음에는 엄마가 다시 정리하지 말아야 한다.

아이가 정리정돈을 잘 못해서 항상 물건을 찾는다면 아이에게 잔소리하지 말고 정리정돈을 하지 못해 어려운 일을 경험하게 하는 것이 좋다. 예를 들어 유치원에 갈 시간이 다 되었는데도 유치원 가방이 어디 있는지 몰라 찾느라고 허둥댄다면 엄마가 대신 찾아주지 말고 가방 없이 유치원에 가게 해야 한다. 그래야만 정리정돈을 하지 않을 때에는 찾을 수 없다는 사실을 경험적으로 알게 된다.

여덟째, 준비물도 아이 스스로 챙길 수 있도록 해주자

학교에 들어가면 준비물을 잘 챙겨야 하는데 현관문에 아이 눈높이에 맞춰 준비물 체크리스트를 만들어서 붙여놓으면 효과적이다. 학교 가려고 현관문을 열기 위해 현관문을 보는 순간, 아이 눈에 쏙 들어오는 '준비물 체크리스트'는 깜빡 잊고 갈 수도 있는 준비물들을 다시 한 번 챙길 기회를 준다. "준비물 다 챙겼니?" "빼놓고 가는 것 없니?" 하는 식의 엄마의 잔소리는 필요 없다. 아이는 눈앞에 큰 글씨로 씌어져 있는 체크리스트를 보면 까먹고 있던 준비물도 얼른 생각이 난다. "아! 맞다 맞어!" "아차!" 하면서 다시 들어가 잊고 온 준비물을 갖고 나올 수 있다. 시스템이 잘 되어 있으면 그만큼 엄마의 잔소리는 줄어들 수밖에 없다.

준비물 체크리스트의 예
빠뜨리지 않고 학교 준비물을 다 챙겼나요?

1. 미술재료나 체육복 등 각종 수업 준비물
2. 숙제
3. 교과서, 알림장
4. 기타

4 예의바르게 행동하기

예의바른 아이가 환영받는다

지하철, 백화점, 전시장, 공연장 등 사람이 많이 모이는 공공장소에서 다른 사람은 아랑곳하지 않고 함부로 뛰어다니며 큰 소리로 떠들고 제멋대로 행동하는 아이들이 많다. 이런 아이들은 친구 집이나 이웃집을 방문할 때에도 마찬가지여서 남의 집 사정은 아랑곳하지 않고 아무 때나 불쑥불쑥 찾아가 집주인을 당황하게 만들고, 남의 집에 들어가서도 냉장고며 장농이며 남의 집 물건을 제집 물건인 양 마음대로 만진다. 집 앞에서 혹은 엘리베이터 안에서 친구 부모나 이웃 어른을 만나도 인사조차 하지 않는다. '내 아이 기죽이지 않고 키우겠다'는 부모의 잘못된 사랑 때문에 예의를 배우지 못하고 자라는 아이들이 정말로 많다.

무례한 아이만 있는 것은 아니다. 자기 자식만 아는 이기적이고 무례한 엄마도 많다. 공공장소에서 아이의 잘못된 행동을 지적하는 나이 지긋한 어르신과 남의 일에 왜 참견이냐며 화를 내고 언성을 높이는 젊은 엄마를 우리는 종종 보게 되는데, 안타깝게도 이것이 요즘 우리나라의 현실이다.

공동체 생활을 해야 하는 학교에 들어가 학교생활에 잘 적응하기 위해서는 최소한의 예의를 지켜 다른 사람에게 피해를 주지 않도록 해야 한다. 이것이 기본이다. 그런데 다른 사람은 잘 생각하지 않고 오로지 자기 자신만 생각하는 아이 35명이 모여 공동체 생활을 해야 하는 곳이 학교이다 보니 다툼과 시비가 많다.

일선 교사들은 '저런 것 가지고도 싸우나?' 하는 생각이 들 정도로 아주 사소한 문제로 아이들이 싸운다고 한다. 싸움의 원인은 다른 사람 생각은 전혀 배려하지 않고 자기 마음대로 행동하는 것에서 시작되는데, 본인이 잘못된 행동을 했을 때 자기 잘못을 빨리 인정하고 사과하면 빨리 문제가 해결될 것을 그러지 않아 큰 싸움으로 번지는 경우가 많다고 한다.

교실에서 싸움이 일어나는 것은 대개 다음과 같은 이유 때문이다.

● 친구 학용품을 아무 말 없이 가져가 쓰고는 돌려주지도 않을 때
● 지나가다가 친구 가방을 발로 툭 차면서 가고도 미안하다고 사과하지 않을 때

- 짝을 건드려 짝의 물건이 책상 밑으로 다 떨어졌는데도 자기 잘못이 아니라고 우기면서 모른 척할 때
- 지나가면서 책상 위에 있는 물건들을 떨어뜨리고도 모른 척하고 그냥 갈 때
- 욕부터 할 때

많은 아이가 자기는 남에게 무례하게 행동하면서 남이 자기에게 조금이라도 무례하게 행동하면 참지 못하고 벌컥 화를 내거나 때리는 등 거칠게 행동한다. 무례하게 행동하는 사람은 어디서나 인정받기 어렵다. 물론 호감도가 떨어져 인기도 없다. 심할 경우 기피하는 아이의 대상 1호가 될 수도 있다. 당신 아이가 학교에 들어가 선생님과 친구들에게 인정받고 좋은 관계를 유지하며 즐겁게 학교생활을 하게 하려면 선생님에게는 공손하게 또래 친구들에게는 예의 바르게 행동하는 것부터 가르쳐야 한다. 예의바른 아이가 인정받는다.

좋은 매너는 행복한 장래를 보장해준다

엄마가 아이를 너무 사랑한 나머지 제멋대로 행동해도 아무런 제지를 하지 않고 오냐오냐하며 키우면 버릇 없고 예의 없는 아이로 자라 사회에 적응하지 못하고 '낙오자'가 될 수도 있다. 예의 없는 아이들은 대개 지나치게 자기중심적이어서 다른 사람의 입장을 고려

하거나 다른 사람의 생각이나 감정을 파악하는 데 미숙하고 관심도 없다. 오로지 자기 자신만 생각하고 인내심과 조심성이 부족해 자기 뜻에 맞지 않으면 쉽게 짜증을 내고 벌컥 화를 낸다.

예의 없는 아이는 자신의 행동이나 감정을 조절하는 능력이 부족하기 때문에 사회생활을 할 때 대인관계에서 문제가 생길 수 있다. 또 여럿이 모여 공동 프로젝트를 진행할 때 물과 기름처럼 섞이지 못하기 때문에 홀로 외톨이가 될 수 있다. 따라서 지금부터라도 어른에게 공손하게 말하고 친구에게는 예의바르게 행동하는 아이로 키워야 한다.

예의바른 행동은 인사하기부터 시작된다. 인사 잘하는 아이는 어디서나 칭찬받고 인정받기 때문에 아이가 자기 자신에 대해 괜찮은 사람이라고 생각하게 만들어 긍정적인 자아상을 갖게 하는데 도움이 된다. 자기 자신을 괜찮은 사람이라고 여기는 긍정적인 자아상은 자신감을 갖고 살아가는 데 매우 중요한 요소가 된다.

인사는 상대방을 인정하고 존중하는 가장 기본적인 예절이다. 인사 잘하는 아이는 언제 만나도 좋은 인상을 주게 된다. 어른에게 공손히 하는 '안녕하세요.' '감사합니다.' '고맙습니다.' '미안합니다.' 라는 인사는 어른에게 공경의 마음을 표현하는 것이고, 또래 친구들에게 따뜻하게 전달하는 '안녕' '고마워' '미안해' 와 같은 인사말은 반가움과 사과의 마음을 전달해 상대방의 기분을 좋게 해준다.

가정교육에서 가장 중요하게, 가장 먼저 해야 할 것은 바로 '인사 잘하는 아이'로 만드는 것이다. 인사 잘하는 것은 예의바른 아이의 가장 기본적인 일이면서 가장 중요한 일이다. 적어도 다음과 같은 세 가지 말은 어렵지 않게 말로 표현할 수 있도록 일생생활 속에서 가르치자.

- '죄송해요' '미안해' ➡ 자기 자신의 잘못을 빨리 인정하면 문제가 쉽게 해결된다.
- '고마워요' '고마워' ➡ 감사할 줄 아는 사람은 좋은 이미지를 만들어준다.
- '사랑해요' '사랑해' ➡ 솔직한 감정표현으로 상대방을 기쁘게 만들어준다.

예의바른 아이로 키우는 여섯 가지 방법

선생님께 인사하는 법, 어른들에게 공손하게 존대어를 쓰는 법 등은 미리 가르쳐서 학교에 보내자. 아직 어린아이라고, 아직 철부지라고 그냥 내버려두면 아이는 예절바른 행동을 배울 기회를 놓쳐 버릇없는 아이가 되고 만다. 아이가 무례하게 행동한다면 그것은 전적으로 엄마 아빠의 책임이다. 엄마가 먼저 이웃 어른을 만났을 때 인사하고 다른 사람을 배려하는 모습을 보여주면 아이는 그런 엄마를 보고 생활 속에서 자연스럽게 배워나간다. 또 엄마 아빠 사랑을 많이 받고 자란 아이는 그만큼 마음의 여유가 생겨 다른 사람을 도와주고 배려해줄 수 있는 마음이 생긴다. 아이에게 충분한 사랑을 주면서 엄마 스스로 좋은 본보기를 보이고 가르치면 분명 예의바른 아이로 자라게 된다.

첫째, 무례하게 행동하면 '왜 그렇게 행동하면 안되는지' 먼저 설명해주자

식당에서 마구 뛰는 아이에게 '하지 말라'고 주의를 주거나 야단만 쳐서는 아무 소용없다. '왜 식당에서 뛰어놀면 안 되는지' 납득할 수 있게 설명해 주고 '어떻게 행동해야 하는지' 식당에 가기 전에 미리 가르쳐주어야 한다. 자기 자신의 말과 행동이 다른 사람들에게 어떤 영향을 끼치는지 알아야 함부로 말하거나 행동하지 않는다. 이때 무조건 이렇게 저렇게 해야 한다고 일방적으로 지시하기보다는 무례한 행동을 하면 상대방의 기분이 어떤지 상대방 입장에서 생각해보게 하고 차분하게 예를 들어가며 설명해주면 대부분의 아이들은 쉽게 받아들인다.

둘째, 공공장소에서 어떻게 행동해야 하는지 알려주고 미리 연습시키자

먼저 공공장소에서는 어떻게 행동을 해야 하는지 아이에게 설명해준다. 전철 안에서, 공연장에서, 식당에서, 쇼핑센터에서, 박물관에서 등 공공장소에 갔을 때 어떻게 행동을 해야 하는지 설명해주고 뛰거나 함부로 행동하지 않겠다는 약속을 미리 받아둔다. 예를 들어 지하철을 탔을 때 신발을 신은 채로 의자에 올라가지 않기, 지하철 안에서 뛰어다니지 않기, 시끄럽게 큰 소리로 떠들지 않기, 울지 않기 등 전철 안에서 해서는 안 되는 일을 정한다. 집에서 전철, 공연장이라고 가정하고 역할놀이를 해보는 것도 좋은 방법이다. 거실에 있는 소파를 전철 의자라고 생각하고 아이와 역할놀이를 하면 공공장소에서 어떻게 행동해야 하는지 놀이로 가르칠 수 있다.

셋째, 무례하게 행동했을 때에는 즉각 주의를 주자

아이가 이웃 어른을 보고 인사도 하지 않은 채 버릇없이 행동하거나 다른 사람에게 폐를 끼치는 행동을 했을 때에는 즉각 주의를 주어야 한다. 그러면 아이는 '아! 내가 이렇게 행동하는 것을 우리 엄마 아빠는 좋아하지 않는구나'라는 사실을 알게 된다. 특히 아이가 어렸을 때에는 엄마 아빠의 반응을 보고 자신의 행동이 해도 되는 것인지 하면 안 되는 것인지 구분하기 때문에 예의에 벗어난 행동을 했을 때 즉각 주의를 주어야 한다. 아이가 예의 없이 행동해 다른 사람을 불편하게 했다면 곧바로 주의를 주고, 왜 그런 행동을 해서는 안 되는지 설명해준 다음 올바르게 행동하는 것을 가르쳐주어야 한다.

넷째, 주의를 주어도 고쳐지지 않을 때 '타임아웃'을 시키자

주의를 주었는데도 계속해서 무례하게 행동한다면 벌을 주어 좋지 않은 행동을 고쳐야 한다. 아무런 이야기도 해 주지 않은 채 무조건 벌을 주면 아이는 엄마가 기분이 나빠 자기한테 신경질 부린다고 생각할 수 있다. 따라서 어떤 벌을 주건 효과적으로 벌을 주기 위해서는 미리 아이에게 '네가 어떤 행동을 하면 어떤 벌을 받을 것이다' 라는 예고를 해야 한다.

취학 전 아이들의 경우 타임아웃이라는 벌이 아이들의 좋지 않은 행동을 고치는 데 효과적이다. 타임아웃이란 아이의 활동을 중단시키고 아이 스스로 자기 자신을 조절할 수 있는 시간을 주는 것이다. 먼저 아이에게 '네가 잘못된 행동을 했을 때에는 타임아웃이라는 벌을 줄 것이다. 타임아웃 장소는 네 방이고, 네 방 한가운데 의자를 놓고 너는 일곱 살이니까 7분 동안 있어야 한다' 는 사실을 미리 알려주고 타임아웃이란 벌을 준다.

타임아웃 하는 방법은 다음과 같다.

- 우선 하던 행동을 멈추게 한다.
- 잘못된 행동을 간단하게 지적하고 "…와 같은 행동을 해서는 안 돼"라고 단호하게 말한다.
- 아이를 즉시 타임아웃 장소에 보낸다. 타임아웃 시간은 아이의 나이에 맞게 하면 된다. 예를 들어 일곱 살짜리 아이라면 7분 정도가 적당하다.
- 타임아웃이 끝나면 아이에게 본인이 한 행동에 대해서 말해 보게 한다.
- 앞으로 어떻게 행동할 것인지 말하게 한다. 아이가 바람직한 대답을 하면 잘했다고 칭찬을 해주고 잘 몰라 말을 하지 못한다면 앞으로는 어떻게 행동을 해야 한다고 엄마가 알려준다.

다섯째, 어색하지 않도록 어릴 때부터 가르치자

고마운 일이 있을 때에는 '고맙습니다' '감사합니다' 라는 말로, 실수를 했을 때에는 '죄송합니다' '미안합니다' 라는 말을 직접 표현할 수 있도록 가르치자. 특히 실수를 했을 때 그것을 인정하고 사과하는 것을 연습시키지 않으면 어색해서 말을 못하는 경우가 많다. 어렸을 때 사과하는 것이 습관화되지 않으면 커서는 더 말하기 어렵다. 본인 스스로 잘못했다는 것을 알지만 어색하고 쑥스러워서 말로 표현하지 못하는 경우가 많다. 따라서 어렸을 때 습관화시켜 놓는 것이 매우 중요하다. 먼저, 엄마가 가까운 사람에게 '고맙다' '미안하다' 는 말을 자주 하면 아이는 그런 엄마를 보며 자연스럽게 배울 수 있다.

역할놀이를 활용하면 효과적이다. 예를 들어 올바른 전화 예절을 가르치기 위해서는 실제 전화기를 들고 엄마와 아이가 역할극을 해보면 놀이로 재미있게 가르칠 수 있다. 또 아이가 욕을 하거나 거친 말을 할 때에는 그 말을 여러 번 반복하게 시키는 것도 하나의 방법이 될 수 있다. 아이는 그 말을 여러 번 반복해보면 지겨워져 또래 친구에게 그런 말을 하지 않게 된다.

여섯째, 예의바른 행동을 했을 때 많은 칭찬을 해주자

'…하지 마라' 는 말로 아이의 좋지 않은 행동을 바꾸기는 어렵다. 오히려 예의바르게 행동을 했을 때 칭찬을 많이 해주는 것이 훨씬 더 빠르다. 칭찬받은 아이는 다음에도 칭찬을 받기 위해 예의바르게 행동하려고 노력하기 때문이다. 예의바르게 행동하고 예쁘게 말을 할 때 듬뿍 칭찬해주자. 그리고 '네가 그렇게 고운 말을 쓰니까 엄마는 기분이 참 좋다'고 하여 엄마의 기분도 전달하자. 예의바르게 행동할 때 칭찬해주고, 무례하게 행동할 때 무시해버리면 아이는 점차 예의바른 아이로 바뀌어갈 것이다.

5
적응기술 다섯 -
자기감정 조절하기

자기감정을 조절할 줄 아는 아이가 잘 적응한다

초등학교 1학년 쉬는 시간. 교실에 있는 컴퓨터 앞에 여러 명의 아이들이 둘러서 있다.

철수: 야! 왜 너만 컴퓨터 하는 거야. 나도 할래. 빨리 일어나!

민수: 잠깐만… 지금 게임하고 있잖아.

철수: (민수의 어깨를 툭툭 건드리며) 그만 해.

민수: (철수 말에는 대꾸도 하지 않고) ….

철수: (민수의 마우스를 건드리며) 왜 너만 컴퓨터를 하는 거야. 나고 좀 하자구. 빨리 안 일어나?

민수: (철수가 마우스를 건드리자 갑자기 벌떡 일어나 철수를 때리며) 지난번에 너도 했잖아. 이번에는 내 차례인데 왜 못 기다리고 난리야?

민수는 다른 친구들을 전혀 배려하지 않고 혼자서 게임을 하고 있고, 옆에서 구경만 하고 있던 철수는 자기도 하고 싶은데 할 수 없게 되자 기다리지 못하고 계속 민수를 집적거린다. 결국 두 아이는 주먹을 오가는 싸움을 하고 만다. 남자 아이들의 이런 다툼은 초등학교 1학년 교실에서 흔히 볼 수 있는 장면이다.

초등학교 1학년 교실에서 일어나는 싸움의 원인과 상황은 다르지만, 싸움을 일으키는 아이는 대개 다음과 같다.

- 툭 하면 욕하고 화내는 아이
- 말보다는 주먹이 앞서는 아이
- 남의 말을 안 듣고 자기 고집만 내세우는 아이
- 자기 순서를 기다리지 못하는 아이
- 무조건 선생님에게 가서 이르는 아이
- 말하지 않고 남의 물건을 가져가 사용하는 아이
- 다른 사람이 자기 물건에 손대는 것을 참지 못하는 아이
- 자기 기분을 나쁘게 했다고 물건을 집어던지는 아이
- 다른 사람이 자기를 건드리면 쫓아가 때려야 직성이 풀리는 아이

사람은 누구나 화가 날 때가 있다. 그런데 화가 날 때마다 화난 감정을 참지 못하고 공격적으로 표출해버리면 원만한 인간관계를 맺기 어렵다. 초등학교에 갓 입학한 아이들은 아직 어리고 자기중심적이기 때문에 또래 친구들을 배려하는 마음이 없어 부딪치는 일이 잦다. 학교에 들어가 또래 친구들과 좋은 관계를 맺으며 학교생활을 잘 하게 만들려면 자신의 행동이나 감정을 적절하게 조절하고 다스릴 줄 알아야 한다.

감정조절 능력은 가정에서 배울 수 있는 기본적인 능력이지만 요즘에는 아이가 하나 혹은 둘밖에 되지 않고, 야단치면 기죽을까봐 제멋대로 행동해도 그냥 오냐오냐 내버려두는 가정이 많아 감정을 조절할 줄 모르는 아이들이 많다. 21세기 우리 아이들이 살아갈 사회에는 자기감정을 적절하게 표현할 줄 알고 다른 사람의 기쁨과 슬픔도 함께 나눌 수 있는 따뜻한 마음을 가진 아이가 환영받는 시대이다. 그런 아이로 키우려면 어렸을 때부터 자기감정을 적절히 조절할 줄 알고 다스릴 줄 아는 아이로 키워야 한다.

6세 이전에 감정을 조절하는 방법을 가르쳐야 한다

정서지능(EQ: Emotional Intelligence)이란 다른 사람을 이해하고 자신의 감정과 느낌을 조절할 줄 알며 어려운 일이 생겼을 때 적절히 대처할 수 있는 능력을 말한다. 일반적으로 참을성이 있는 사람, 용기가 있는 사람, 자기절제를 잘하는 사람일수록 정서지능 즉 EQ

가 높은 것으로 알려져 있다.

내일까지 꼭 해가야 하는 숙제가 있는데 하기 싫다. 이럴 경우 미적거리다가 시간만 보내고 해가지 못하는 아이가 있는가 하면, 하기 싫지만 해야 할 일이라는 생각에서 끝까지 해내고야 마는 아이가 있다. 하기 싫은 공부나 숙제를 아이 스스로 자기 자신을 달래면서 악착같이 해내는 아이는 정서지능이 높은 아이라고 할 수 있다. 정서지능이란 사고력, 기억력, 계산력, 추리력과 같은 능력이 아니라, 그러한 능력들이 잘 발휘되게 혹은 발휘되지 못하게 만드는 감정능력이라고 할 수 있다. 이러한 정서조절 능력은 만 6세 이전에 가르치는 것이 중요하다고 전문가들은 말한다.

정서지능의 중요성을 맨 처음 강조한 사람은 미국의 심리학자 데니얼 골맨D. Goleman이다. 그는 『정서지능Emotional Intelligence』이라는 그의 책에서 어느 심리학자가 미국의 스탠포드 대학 탁아소에서 4살 된 아이들을 대상으로 실시한 실험을 소개했다.

심리학자가 아이들에게 "내가 잠시 나갔다 올 때까지 기다리면 과자 2개를 주고, 그때까지 기다릴 수 없으면 지금 과자 하나를 먹을 수 있다"고 제안했다. 참고 기다리면 나중에 두 개를 먹을 수 있고 못 참으면 지금 한 개만 먹을 수 있다는 것이었다. 이 실험에서 약 3분의 1은 심리학자가 나가자마자 과자를 먹었고, 나머지 3분의 2는 그가 올 때까지 기다렸다가 과자를 두 개 먹었다.

12, 13년 후 두 집단의 사회적인 능력 차이는 분명했다. 기다렸다가 과자 두 개를 먹은 아이들은 대부분 우등생이었고 의지가 강

유아용EQ측정 리스트

다음은 서울대 교육연구소 문용린 교수(교육학)팀이 개발한 유아용 EQ측정법이다. 아이와 함께 풀어보면서 해당하는 번호에 체크해보고 우리 아이의 감정조절 능력은 어느 정도인지 점검해보자.

1. 나는 내 기분이나 감정이 어떤지 정확하게 알 수 있다.
   ① 항상 그렇다   ② 가끔 그렇다   ③ 그렇지 않다

2. 나는 내가 화났는지, 짜증이 났는지 구별할 수 있다.
   ① 항상 그렇다   ② 가끔 그렇다   ③ 그렇지 않다

3. 나는 우울한 기분이 들 때 즐거워질 수 있는 나만의 방법을 사용한다.
   ① 항상 그렇다   ② 가끔 그렇다   ③ 그렇지 않다

4. 선생님께 칭찬받고 좋아하는 친구를 보면 나는,
   ① 즐겁다   ② 샘이 난다   ③ 아무렇지도 않다

5. 놀이터에서 친구도 없이 혼자 가만히 있는 아이를 보면 나는,
   ① 슬프다   ② 화가 난다   ③ 아무렇지도 않다

6. 내가 열심히 한 숙제가 없어져 속상할 때 나는,
   ① 속상하지만 빨리 잊고 숙제를 다시 시작할 수 있다
   ② 잃어버린 숙제가 자꾸 생각나서 다시 하기 싫어진다

7. 친구와 내가 똑같이 잘못했는데 선생님이 나만 야단치실 때 나는,
   ① 나도 잘못했으므로 선생님의 야단을 받아들인다
   ② 나만 야단치는 선생님이 밉고 화가 난다

8. 악기나 운동을 배우는데 잘 되지 않아서 화가 날 때 나는,
   ① 잘하는 내 모습을 상상하며 더 열심히 연습한다
   ② 내게 맞지 않으므로 빨리 그만두고 싶다고 생각한다

9. 나는 어른들의 표정을 보면 나를 좋아하는지 싫어하는지 알 수 있다.
   ① 그렇다   ② 아니다

10. 좋아하는 만화영화를 보고 있는데 엄마가 청소를 도와달라고 한다.
　　① TV를 끄고 도와드린다　　②만화영화를 계속 본다

◇채점 · 분석하는 법
1~5번 문항은 ①번 - 2점 ②번 - 1점 ③번 - 0점,
6~10번 문항은 ①번 - 1점, ②번 - 0점으로 계산한다.

결과 보기 | 13~15점:매우 높은 편 / 10~12점:높은 편
　　　　　　7~9점:보통 / 4~6점:낮은 편
　　　　　　0~3점:매우 낮은 편

하고 자신감에 차 있었으며 일을 효과적으로 수행할 줄 알고 어려움에 처했을 때에도 그것을 극복할 능력이 있었다. 하지만 곧바로 과자 한 개를 집어먹은 아이들은 고집이 세고 결단력이 없으며 타인과 접촉하기를 꺼려하고 일이 뜻대로 되지 않을 때에는 쉽게 흔들리고 어려운 일에 처해서는 쉽게 포기하는 특성을 보였다.

　자신의 욕구를 조절할 줄 알고 욕구충족을 뒷날로 미룰 줄 알며 미래를 위해 현재를 희생할 줄 아는 정서지능이 뛰어난 사람이 성공할 가능성이 높다는 것을 알려주는 실험이다.

　정서지능은 크게 다음과 같은 세 가지로 나눠볼 수 있다.

　첫째, 정서표현 능력이다.

　마음속으로 느끼는 감정을 상황에 맞게 말, 얼굴 표정, 몸짓, 행동으로 표현할 수 있는 능력을 말한다. 자기감정을 정확하게 표현할 줄 알면 서로의 감정을 알 수 있어 불필요한 오해가 생기지 않는다.

둘째, 정서조절 능력이다.

자신이나 다른 사람의 감정상태를 넘치지 않게 모자라지도 않게 적정수준으로 유지시켜 주거나 바꿔주는 능력을 말한다. 자신의 감정을 적절하게 조절할 줄 알면 자신의 기분도 좋아지고 상대방의 기분도 좋게 한다. 자신의 좋은 감정을 계속 유지하고 좋지 않은 기분을 적게 하는 능력, 다른 사람의 기분도 좋게 바꾸려는 능력도 여기에 포함된다. 이러한 능력이 풍부한 사람은 분노, 흥분, 우울, 불안을 쉽게 떨쳐버리고 어려운 일을 당해도 오뚝이처럼 극복하고 다시 일어날 수 있다.

셋째, 감정이입 능력이다.

"기쁨은 나누면 두 배가 되고, 슬픔은 나누면 절반이 된다"는 말이 있다. 감정이입 능력이란 바로 그런 것이다. 다른 사람의 감정을 헤아리고 그 감정을 함께 느끼면서 상대방의 입장을 이해하고 공감하는 능력을 말한다. 이러한 능력은 진실한 마음을 주고받게 함으로써 원만하고 좋은 인간관계를 맺고 유지하는 데 중요한 역할을 한다.

아이의 감정과 기분을 무시하는 엄마 밑에서 자란 아이는 자신의 감정과 기분을 잘 알지 못할 뿐 아니라 상대방의 기분이 어떤지도 읽어낼 줄 모른다. 물론 자신의 감정 또한 솔직하게 표현할 줄도 모른다. 엄마가 아이의 감정을 존중해 주어야 아이의 정서지능이 쑥쑥 올라간다는 사실을 잊지 말자.

정서지능이 높은 아이는 학교공부는 물론이고 어른이 된 후 직장에서도 대인관계가 좋아 성공할 가능성이 높은 것으로 알려져 있다. 어릴 때부터 화, 분노, 질투, 충동, 조바심 등의 감정이 일어날 때 어떻게 해야 하는지 알려주고 이해시키면 차츰 자신의 감정을 조절할 줄 아는 아이로 성장할 수 있다.

첫째, 엄마가 먼저 감정을 적절히 표현하는 모범을 보여주자

따뜻한 마음을 가진 아이로 자라길 원한다면 엄마가 먼저 생활 속에서 그런 모습을 보여주어야 한다. 엄마가 자신의 감정을 적절하게 아이에게 표현하고 화난 감정을 조절하는 모습을 보여주면 아이도 엄마를 보고 감정을 조절하는 방법을 배우게 된다. 하지만 엄마가 아이에게 감정표현을 잘 하지 않고, 아이의 감정 표현에도 시큰둥한 반응을 보인다면 아이는 감정을 표현하는 방법을 배울 수 없다. 또 엄마가 아빠와 싸울 때 물건을 던지거나 부수고, 아이가 어떤 잘못을 저질렀을 때 심하게 화를 내면서 때린다면 그 아이는 엄마처럼 화가 나면 참지 못하고 폭력적인 행동을 하게 된다. 그만큼 엄마 아빠의 본보기가 중요하다.

둘째, 아이의 이야기를 들어주고 함께 공감해주자

"나도 아이의 이야기를 들어주고 싶어요. 그런데 아이가 말을 잘

하지 않아 답답해요." 라고 말하는 엄마들이 많다. 당신도 그런 엄마 중의 한 명이라면 아이와 대화할 때 어떤 방식으로 하는지 생각해봐야 한다. 혹시 아이가 말을 할 때마다 평가해 잘못된 것을 지적하고, 아이가 이해하지도 못하는 긴 설교를 늘어놓고, 그것도 못하냐며 창피를 주고, 너 때문에 내가 못살겠다고 죄책감을 갖게 하고 '…하지 않으면… 안해줄 거야' 식으로 협박을 하지는 않았는지 반성해볼 필요가 있다.

스스럼없이 말하는 아이로 키우려면 엄마가 먼저 가슴과 귀를 열고 아이가 하는 말을 있는 그대로 들어주고 공감해주어야 한다. 공감이라고 하는 것은 다른 사람의 생각이나 의견·감정 등에 대하여 자기도 그러하다고 하는 느낌 또는 그런 감정을 표현하는 것을 말한다. 상대방이 하는 말을 열심히 들어주는 것만으로도 상대방의 감정이 정리되는 경험을 해본 적이 있을 것이다. 공감을 하기 위해서는 상대방의 이야기를 진심으로 듣는 것이 무엇보다도 중요하다.

아이의 말을 진지하게 들어주면 아이는 자신의 감정을 이해받는다고 생각해 금세 기분이 풀려 안정을 되찾게 된다. 아이가 어린이집이나 유치원에서 돌아와 자신이 경험한 것을 이야기할 때 아이의 말을 진지하게 들어주고 아이의 감정에 공감해주자. 특히 취학 전 아이들의 경우 스킨십을 통해 엄마가 공감해준다는 사실을 깨닫게 하는 것도 좋은 방법이다. 아이와 공감할 줄 아는 엄마 밑에서 자란 아이는 다른 사람의 감정을 공감할 수 있는 능력이 있다.

먼저 아이에게 '사람은 누구나 화가 날 수 있지만 그 화난 감정을 남을 때리거나 물건을 던지거나 부수는 등 공격적으로 풀어서는 안 된다.'는 사실을 알려주어야 한다. 옛날 우리 조상들은 화가 날 때면 "침을 모아서 세 번만 삼켜라." "찬물을 한 컵 마시고 오라."고 했다. 잠시 한 템포 늦추는 것이 화를 조절하는 데 큰 도움이 되기 때문이다. 아이가 화가 날 때에는 노래를 부르거나 악기를 연주하거나 TV를 보는 등 자신의 화를 적절히 가라앉힐 수 있는 방법을 찾게 해주는 것도 도움이 된다.

다음과 같은 방법을 활용하면 아이가 화가 났을 때 마음에 안정을 찾을 수 있을 것이다.

- 화가 나면 우선 심호흡을 크게 하고 마음속으로 하나부터 열까지 세어보게 한다. 그래도 화가 나면 다시 하나부터 열까지 세어보게 한다.
- 화가 날 때 어떤 상황이었는지, 얼마나 화가 났는지 물어본다. 이때 엄마는 아이의 마음을 있는 그대로 받아준다. 그러면 아이는 자신이 엄마에게 이해받고 있다고 느끼게 된다. 엄마에게 상황을 설명하면서 아이는 점차 마음이 풀리고 화도 누그러지게 된다.
- 화가 난 이유가 무엇인지 어떻게 하면 앞으로 그런 일이 생기지 않을 수 있는지 생각해보게 한다. 이때 아무리 화가 많이 나도 다

른 사람을 때리거나 물건을 부수는 등과 같은 폭력적인 행동은 절대로 해서는 안 된다는 사실을 강조한다.

● 화가 많이 났지만 그 순간을 잘 극복하고 폭력적인 행동이나 말을 하지 않았을 때 놓치지 말고 칭찬해주어야 한다.

넷째, '입장을 바꿔놓고 생각해보기' 활동을 시키자

다른 사람의 입장을 이해하는 것은 감정조절을 하는 데 매우 중요하다. 친구와 싸웠을 때 '왜 그 아이가 내 기분을 나쁘게 만들었는지' 입장을 바꿔서 생각해보게 하면 다른 사람을 배려하고 이해하는 마음이 생기게 된다. 평소 동화책을 읽은 다음, 혹은 만화나 TV 드라마를 함께 본 다음 주인공은 왜 그런 행동을 했는지, 상대방의 생각은 어떤지, 네가 주인공이라면 어떤 느낌이었는지, '입장 바꿔 놓고 생각하기' 활동을 시키면 도움이 된다.

다섯째, 자신의 감정과 기분을 솔직히 말할 수 있도록 해주자

아이가 화가 나 감정을 표현했을 때 "뭘 그런 걸 가지고 화를 내니? 별것도 아닌 일인데…" "사내자식이 울긴 왜 울어, 뚝!" 이라고 말하는 엄마가 많다. 이런 말은 '자신의 감정을 표현하지 말고 마음속에 꼭꼭 숨겨라' 하는 말과 똑같다.

자신의 감정을 표현하는 아이에게 엄마가 이런 반응을 보이면 아이는 감정을 말로 표현하는 것이 나쁘다고 생각해 감정을 점점 억누르게 된다.

엄마는 아이가 자신의 감정과 기분을 솔직하게 표현할 수 있도록 도와주고 격려해주어야 한다.

여섯째, 짜증을 내거나 칭얼거릴 때에는 무시하자

시도 때도 없이 아무에게나 짜증을 내는 아이들이 많다. 아이가 짜증을 내면 시끄럽다고 혹은 귀찮다고 아이의 요구를 엄마가 다 들어주기 때문이다. 짜증내면서 말하는 것은 일종의 잘못된 습관이다. 따라서 학교에 들어가기 전에 짜증내는 버릇은 고쳐주어야 한다.

아이들은 엄마에게 관심을 끌려고 할 때 짜증을 내거나 칭얼거린다. 그러므로 짜증을 낼 때에는 아이에게 관심을 보이지 말고 무시해야 한다. 물론 아이가 짜증내는 동안에는 아이와 말씨름하는 것도 논쟁하는 것도 피해야 한다. 철저하게 무시해야 짜증을 내거나 칭얼거릴 때에는 엄마의 관심을 얻을 수 없다는 사실을 아이는 알게 된다.

"네가 짜증을 부리면 엄마는 기분이 나빠"라고 분명히 아이에게 엄마 감정을 전달한 후, "지금부터 네가 짜증을 내면 무시할 것이고, 네 기분이 풀려 짜증부리지 않고 이야기하면 그때 네 이야기를 들어줄 거야"라고 말한다. 아이가 짜증내지 않고 이야기할 때에는 많은 칭찬을 해주어 짜증을 내지 않고 말해야 엄마가 관심을 가져준다는 것을 알게 하면 짜증내는 버릇은 고칠 수 있다.

6

적응기술 여섯 -
타인과 의사소통 잘하기

몸짓으로 하는 의사표현, 더이상 안된다

어느 초등학교 1학년 교실,

담임선생님: (우는 아이를 달래면서) 영희야, 왜 울어? 무슨 일이 있
니?

영희: (고개를 숙인 채 울기만 할 뿐 아무 대답도 하지 않는다)

담임선생님: (우는 영희 머리를 들게 하면서) 왜 우는데? 네 짝꿍 철수
와 싸웠니? 아니면 철수가 때렸어?

영희 : (여전히 울기만 할 뿐)….

담임선생님: (점점 화가 치밀어올라 목소리가 커진다) 도대체 왜 우는
데. 말로 해야지 알지, 울기만 하면 어떻게 알아? 이제 그만

울어.

영희: (점점 더 우는 소리가 커진다) 흑흑흑….

담임선생님: (화가 나서) 울음 그치면 그때 네 얘기 들어줄 거야. 철
수야, 네 짝 영희 왜 우니? 네가 때렸니?

철수: (놀라면서) 아, 아니에요, 선생님. 쟤는 원래 무슨 일만 있으면
울어요. 아까 영철이가 툭 치고 갔는데, 그 때 영희 필통을 떨
어뜨리고 그냥 가서 그럴 거예요.

일선 초등학교 교사들은 "초등학생이 되었는데도 불구하고 아직도
선생님을 툭툭 치면서 몸짓으로 자신의 의사를 표현하는 아이들이
많고, 선생님이 물으면 잠자코 있거나 고개만 끄덕여 도대체 무슨
생각을 하고 있는지 알 수 없어 답답하기만 하다"며 그런 아이를
지도하는 데 어려움이 많다고 털어놓는다. 초등학생이 되었는데도
유아학교 때처럼 모든 것을 선생님이 다 알아서 해줄 거라 믿고 유
아학교 때와 똑같이 행동을 하는 아이들이 많다는 얘기이다.

아이는 집을 벗어나 학교에 가면 자신의 문제는 자신이 처리해
야 한다. 물론 여덟 살짜리 어린아이가 모든 일을 혼자 처리할 수는
없지만, 적어도 학교에서 문제가 생겼을 때 담임선생님에게 자기
생각이나 기분을 말로 표현할 수는 있어야 한다. 그런데 많은 아이
들이 ─ 특히 소심한 여자 아이 ─ 곤란한 일이 생겼을 때 말로 표현
하지 못하고 울기만 해 담임선생님을 답답하게 만드는 일이 많다.
자기에게 어떤 문제가 생겼을 때에는 울지 말고 상황을 말로 적절

히 표현하도록 가르치자. 울거나 떼를 써서는 결코 문제가 해결되
지 않는다는 것을 아이는 알아야 한다.

다음은 학교에서 문제 상황을 비교적 자주 일으킬 수 있는 아이
들의 유형이다. 만약 당신의 아이가 해당되는 항목이 많다면 지금
부터라도 다른 사람과 의사소통을 할 줄 아는 아이로 준비시켜야
한다.

- 친구 이름을 부르지 않고 어깨나 팔을 툭툭 치는 아이
- 애기 말투를 그대로 사용하는 아이
- "무슨 일이지?"라고 묻기만 해도 울거나 울먹이는 아이
- 말을 더듬는 아이
- 지나치게 수줍음이 많아 말을 잘 하지 못하는 아이
- '왜 그런 일이 생겼는지?' 말로 설명하지 못하는 아이
- 지나치게 내성적이어서 묻는 말에도 대답을 못하고 우물쭈물
  하는 아이
- 말끝을 맺지 못하고 항상 뒤끝을 흐리는 아이
- 입안에서 웅얼거려 무슨 말인지 잘 알아들을 수 없는 아이
- 상황에 맞지 않는 엉뚱한 이야기를 하는 아이

의사소통 잘하는 사람이 인정받는 시대다

말은 곧 생활이자 능력의 표현이다. 말을 못하면 다른 사람과 좋은

관계를 맺기 어렵고 자신의 능력을 보여주기 어렵다. 글로벌 시대, 자신의 생각이나 느낌을 말로 적절하게 표현할 줄 아는 의사소통 능력은 그 어떤 능력보다도 자신의 장점을 부각시키는 중요한 요소가 되었다. 21세기 리더는 자신의 생각이나 느낌을 조리있고 명확하게, 그러면서 상대방에게 거부감을 주지 않고 말을 할 줄 아는 사람이어야 한다. 그렇기 때문에 대학입학은 물론이고 취업 등 각종 시험에 구술면접이 중요한 전형요소가 되어 가고 있는 것이다.

아이들은 태어난 순간부터 엄마를 통해 의사소통 방법을 배우게 된다. 단순히 엄마에게 말만 배우는 것이 아니라 '상대방을 어떻게 대해야 하는지, 감정 표현은 어떻게 해야 하는지?' 엄마의 얼굴표정, 목소리 등을 통해 배운다. 언어학자들은 대개 6세 이전에 평생 배워야 할 모든 언어의 기본을 배우기 때문에 가정에서 부모의 역할이 매우 중요하다고 강조한다.

미국의 저명한 아동 언어발달 전문가인 켄 아펠과 줄리에 J. 매스터슨 박사는 『아기들의 대화- 0~6세 아이들의 언어발달을 돕는 확실한 방법』라는 책을 통해 아이들은 6세까지 평생 사용할 언어능력의 기초를 배우게 된다며, 언어는 아이가 사회적으로 활동하고 새로운 것을 익히는 데에 절대적으로 필요한 도구이기 때문에 부모는 아이의 언어습득을 위해 많은 노력을 기울여야 한다고 강조한다.

그러나 켄 아펠과 줄리에 J. 매스터슨 박사는 아이들의 언어발달은 플래시카드나 비디오 같은 특수교재를 통해 발달시키는 것이 아니라 부모를 비롯해 아이와 친밀한 사람과의 상호작용을 통해 자연

단계별 말하기 능력 체크리스트

다음은 켄 아펠과 줄리에 J. 매스터슨 박사가 제시하는 단계별 말하기 능력 체크리스트이다. 아래 항목을 읽어보고 아이의 상태에 따라 '예' '아니오'로 체크해보자. 아이들은 언어 발달에 있어서 약간씩 차이가 난다. 여기에 나온 평가 항목은 그 연령에 해당하는 아이들의 평균적인 언어능력이다. 만약 체크리스트 항목 중 '아니오'라는 답변이 많다면 전문가의 상담을 받아보는 것이 바람직하다.

연령	상태	예	아니오
1~2세	1, 2개의 낱말을 사용하여 질문한다.		
	두 낱말을 묶어서 사용한다.		
2~3세	거의 모든 사물의 이름을 안다.		
	엄마 아빠가 하는 말의 의미를 이해한다.		
	2, 3음절로 된 낱말을 사용한다.		
	간단한 사물의 이름을 말함으로써 관심을 끈다.		
3~4세	탁아시설이나 친구네 집에 있었던 일을 이야기한다.		
	다른 사람도 아이가 하는 이야기를 알아들을 수 있다.		
	4개 이상의 낱말로 이루어진 문장을 말한다.		
	음절이나 낱말을 반복하지 않고도 대화가 가능하다.		
4~5세	또렷하게 발음한다.		
	완벽한 문장을 구사할 수 있다.		
	주제와 관련된 이야기를 할 수 있다.		
	또래 친구 또는 어른들과 쉽게 대화를 한다.		
	가족들과 같은 문법을 구사한다.		

스럽게 습득되는 것이라며, 아이는 자신과 가장 많은 시간을 함께 보내면서 아이의 일상을 시시콜콜 챙겨주는 부모를 통해 세상의 언어를 배우기 때문에 부모야말로 아이들의 훌륭한 언어모델이라고 강조한다.

다른 사람과 의사소통 잘하는 아이로 키우는 여덟 가지 방법

언어발달은 초등학교에 입학 후 공부, 자신감, 사회성 형성에 많은 영향을 주기 때문에 특히 어릴 때 많은 관심을 가져야 한다. 엄마가 가정에서 좋은 본보기를 보여주면 자신의 생각을 말로 표현할 줄 아는 아이로 키울 수 있다.

첫째, 환하게 웃으며 말하는 수다쟁이 엄마가 되자

무표정한 얼굴로 무뚝뚝하게 말을 하는 엄마 밑에서 자란 아이는 무표정하고 무뚝뚝하지만, 밝고 환한 표정을 짓는 엄마 밑에서 자란 아이는 표정이 밝고 환하다. 아이들은 함께 생활하는 엄마를 보면서 말투는 물론이고 얼굴표정까지 그대로 닮기 때문이다. 다른 사람과 의사소통을 잘하는 아이로 키우려면 엄마가 먼저 자신의 생각과 느낌을 말로 정확하게 표현해 버릇해야 한다. 엄마가 환한 미소로 다양한 낱말과 어휘를 사용하여 수다쟁이처럼 말을 하면 아이는 엄마 입을 통해 많은 낱말과 어휘를 배우며 말하는 재미도 맛볼 수 있다.

둘째, 다양하고도 풍부한 경험을 시키자

아이에게 다양한 사람들을 만날 기회를 만들어주고 다양한 현장체험 기회를 제공해 주자. 아이 손잡고 외출해서 다양한 사람들을 만나자. 그리고 엄마 아빠가 그 사람들과 어떻게 상호작용 하는지 아이에게 보여주자. 이런 경험이 대화 상대에 따라 어떻게 말을 해야하는지 아이 스스로 터득할 수 있게 해준다.

셋째, 스스럼없이 말할 수 있는 집안 분위기를 만들어주자

자기 생각과 느낌을 적절하게 말로 표현할 줄 아는 아이로 키우려면 우선 집안분위기가 스스럼없이 말할 수 있는 분위기여야 한다. 엄격한 분위기 속에서는 자기 생각을 솔직하게 표현하기가 쉽지 않다. 아이가 자신의 생각이나 느낌을 자유롭게 표현할 수 있도록 해주고, 아이가 말이 안 되는 주장을 하더라도 진지하게 들어주어야 한다. 엄마 아빠가 자기 이야기를 진지하게 잘 들어준다고 느낄 때 아이는 자기의 생각과 느낌을 말로 표현하려고 노력한다. 또 아이가 무언가 말을 하려고 할 때에는 아이가 말을 끝마칠 때까지 기다려주어야 한다. 중도에 말을 막거나 가로채는 것은 말을 하지 말라는 것과 같다.

넷째, 아이와 눈을 마주치고 적극적으로 대화하자

다른 사람과 의사소통 잘하는 아이로 키우려면 아기 때부터 아이 주변에서 일어나는 일에 대해서 시시콜콜히 말해주는 것이 좋다.

수다쟁이처럼 보이는 엄마의 말을 들으며 아이는 많은 말과 어휘를 배운다. 옷을 갈아입힐 때, 목욕을 시킬 때, 밥을 먹을 때, 쇼핑할 때, 여행할 때, 놀 때, 그에 해당하는 것 모든 것을 말로 설명을 해주자. 일상생활 모든 것이 말하기 교재가 된다. 매일매일 일어나는 일상적인 일들에 대해 아이와 이야기하는 것이 가장 좋은 말하기 학습이다. 아이와 말을 할 때에는 가급적이면 약간 높은 음으로 또박또박 말을 해주어야 정확한 발음을 배울 수 있다. 또 아이와 말을 할 때에는 아이 눈을 맞추고 미소를 짓는 등 적극적으로 반응을 해주면 아이가 말하는 데 자신감을 갖게 된다.

다섯째, '울음'은 무시해버리고 '말'에는 관심을 보이자

아이들은 일차적으로 자신의 욕구를 울음으로 표현한다. 울음으로 표현하던 것을 차츰 말로 표현하도록 훈련시켜야 한다. 울어서는 아무도 자기 마음이나 생각을 알 수 없으며, 그 어떤 문제도 울음으로 해결할 수 없음을 아이 스스로 깨닫게 해 주어야 한다. 그러기 위해서는 아이가 화를 내거나 울면서 이야기할 때에는 관심을 나타내지 말아야 한다. 그 대신 아이가 말로 자신의 생각이나 감정을 적절하게 표현했을 때에는 관심을 보여야 한다. 이런 경험을 통해 아이는 말로 자기 생각이나 감정을 표현해야 한다는 사실을 스스로 터득하게 된다.

여섯째, 아이가 하는 말에 살을 덧붙여 한 번 더 들려주자

아이가 엄마나 아빠 말을 따라 하기 시작할 때 부모가 아이 말에 또 다른 정보를 덧붙여 말을 해주면 아이의 언어발달에 도움이 된다. 예를 들어 아이가 "엄마, 저기 큰 차 온다"라고 말을 했을 때 엄마는 아이의 그 말을 듣고 "저 차? 그래. 저 차는 물건을 실어나르는 트럭이야"라고 한 번 반복해주면서 다른 정보가 들어가는 말을 덧붙여주면 아이의 언어능력 향상에 도움이 된다. 아이가 틀리게 말을 했을 때에도 틀린 부분을 고쳐서 다시 말을 해주면 아이는 엄마의 말 속에서 올바른 표현을 배울 수 있다.

일곱째, 아이에게 다양한 언어자극을 주자

취학 전 아이들은 스펀지와 같아 사람들이 하는 말을 흡수하여 자신의 말로 활용한다. 이때 엄마가 다양한 언어자극을 주면 아이의 언어능력은 크게 향상된다. TV나 비디오를 많이 보게 하는 엄마도 있다. 하지만 TV나 비디오는 상호작용할 수 없기 때문에 아무리 좋은 언어학습 교재라도 그다지 효과적이지 못하다. 말이란 서로 주고받는 것이기 때문이다. 말하는 법을 배우기 위해서는 상호작용이 필요하다는 것을 잊지 말자.

줄거리가 있는 동화책을 여러 번 반복해서 읽어주는 것이 언어능력을 향상시키는 데 큰 도움이 된다. 책을 읽음으로써 아이는 복잡한 문장구조를 이해하게 되고 시간이나 논리적인 순서에 따라 말하는 법 그리고 그 문장을 적절한 상황에서 말하는 방법도 터득하게 된다. 여러 번 읽어주었던 책을 다시 읽을 때는 잠시 중간중간

읽기를 멈추고 다음에 무슨 일이 일어날지 물어보는 것도 좋은 방법이다. 아이는 스스로 생각해서 다음에 일어날 일을 시간 순서대로 말하게 되는데, 이런 과정을 통해 논리적인 순서로 말하는 능력을 키워줄 수 있다.

취학 전 아이는 노는 과정에서 다양한 개념들과 어휘를 배울 수 있다. 말놀이를 통해 아이들은 말의 재미를 느끼고 말하는 것을 좋아하게 된다. 끝말잇기놀이, 말전하기놀이, 아나운서 흉내내기, 낱말 알아맞히기, 목소리 녹음해보기 등의 다양한 말놀이를 친구와 혹은 부모와 해보면 아이는 자기 생각을 말로 적절하게 표현할 줄 알게 된다.

여덟째, 빨리 말하라고 억지로 따라하도록 강요하지 말자

말이 늦다고 생각하는 엄마가 저지르기 쉬운 실수가 빨리 말을 하라고 몰아세우거나 따라해 보라고 강요하는 것이다. 아이가 하는 말에서 문법적인 실수를 찾아 고쳐주려 하거나, 억지로 따라하도록 시키면 안 된다. 다시 한번 정확하게 반복해서 들려주는 것으로 끝내자. 정확하게 발음해주면 아이는 반복해서 들으며 그 말을 배우게 된다. 만약 또래에 비해 현저하게 언어발달이 많이 늦다고 판단되면 전문가를 찾아가 정확한 검사를 한번 받아보는 것이 현명하다.

7

적응기술 일곱 -

수업 시간에 주의집중하기

하기 싫은 일도 지속적으로 할 수 있어야 집중력이 있는 것

"우리 아이는 한시도 가만있지 못하고 얼마나 부산한지 몰라요."

"컴퓨터 게임을 할 때는 집중력이 좋은 것 같은데 공부할 때는
왜 그리 집중하지 못하고 왔다갔다 하는지 모르겠어요."

"우리 아이는 공부한다고 자기 방에 들어가 책상 앞에 앉아 있는
데 전화 오면 맨 먼저 튀어나와 전화받고, 초인종 울리면 언제 나왔
는지 누구세요? 한다니까요."

"한 가지 일에 집중을 하지 못하고 싫증을 빨리 내 한 가지도 제
대로 하지 못해요."

한시도 가만있지 못하고 부산떠는 아이 때문에 걱정인 엄마가 많다. 특히 남자 아이를 둔 엄마의 걱정은 이만저만이 아니다. 그런데 이런 아이들이 초등학교에 들어가 수업 시간 40분 동안 책상 앞에 꼬박 앉아 있어야 하니 여간 걱정스러운 일이 아니다. 주의집중력은 모든 지적인 활동의 기본능력이고 학교생활에 반드시 필요한 능력이기 때문에 엄마가 걱정하는 것은 당연하다.

주의집중력에는 현재 관심을 가져야 할 대상에 초점을 맞추고 다른 것에는 관심을 두지 않는 '선택적 주의집중력'과 필요한 시간만큼 주의집중을 유지하는 '지속적 주의력' 두 가지가 있다. 이 두 가지 능력이 고루 잘 발달되어야 주의집중력이 있다고 할 수 있다.

컴퓨터게임이나 만화책을 볼 때는 집중을 잘하는데 공부할 때는 왜 집중을 못하는지 의아해하는 엄마가 많은데, 그것은 주의집중력을 잘못 이해하고 있기 때문이다. 몇 시간씩 컴퓨터게임을 하고 만화를 본다고 해서 집중력이 있는 것은 아니다. 자신이 좋아하고 하고 싶어하는 일은 그만큼 동기와 의욕이 강하기 때문에 집중할 수 있기 때문이다.

주의집중력이란 좋아하는 일은 물론이고 하기 싫은 일 또는 잘 모르는 일이지만 해야 할 일을 위해서도 지속적으로 주의집중할 수 있는 능력을 말한다. 특히 공부를 하는 데 있어서 주의집중력이란 불필요한 수많은 자극과 주어진 과제에 관련된 자극을 구분해 지금 해야 할 과제에만 관심을 두고 과제가 끝날 때까지 유지할 수 있는 능력 그리고 그 과제가 끝나면 재빨리 다른 과제로 관심의 초점을 옮길 수 있는 능력을 말한다. 따라서 주의집중력이 있는 아이라면 하기 싫은 일을 알아서 하고 공부를 할 때에도 그 연령에 맞는 시간 동안 주의집중할 수 있어야 한다.

초등학생은 수업 시간인 40분 동안 집중할 수 있어야 한다

일반적으로 '수업 시간에 돌아다녀서는 안 된다는 사실쯤이야 다 알고 학교에 들어오겠지.' 라고 생각하지만 학교 현장에서 만나는 아이들 중에는 전혀 생각지도 못한 행동으로 교사를 당황하게 만드는 아이가 한 반에 서너 명씩은 있다는 현직 1학년 교사의 이야기에 귀기울여볼 필요가 있다. 수업시간에 딴청을 피우고, 옆이나 뒤 또는 앞에 있는 친구와 장난을 쳐 수업을 방해하는 산만한 아이는 야단을 치거나 꾸짖어도 그때뿐이어서 몇 분 지나지 않아 또다시 같은 행동을 반복하기 때문에 교사들을 힘들게 한다고 한다. 대개 다음과 같은 아이들이 학교에서 산만한 아이라고 꼬리표가 붙은 아이들이다.

- 수업 시간인데도 교실 안이나 밖을 자기 마음대로 돌아다니는 아이
- 수업 시간에 옆 친구를 계속 건드려 싸우는 아이
- 수업 시간인데도 큰 목소리로 말을 하는 아이
- 수업 시간에 자꾸 움직여 수업분위기를 깨뜨리는 아이

- 쉴 새 없이 말을 하는 아이
- 선생님의 지시를 따르지 않고 자기 마음대로 행동하는 아이
- 교실에서 소리치며 뛰어다니는 아이
- 수업 시간에 주어진 과제는 하지 않고 책상에 팔을 얹고 옆으로 앉아 공상에 빠져 있는 아이

그런데 아이 입장에서 한번 생각해보자. 어느 날 갑자기 초등학생이 되었다고 40분간 책상 앞에 앉아 있어야 한다면 어떨까? 40분간 집중해서 앉아 있지 못하면 선생님에게 매일 지적당하고 야단맞고 혼이 나게 될 것이고, 그러면 그 아이는 점차 담임선생님과 또래 친구들로부터 말썽꾸러기 혹은 문제라는 취급을 받게 될 것이다. 이런 횟수가 늘어나면 아이의 마음속에서 '나는 왜 이리 형편없는 아이일까?' '나는 문제가 있나 봐.' 하는 생각이 싹트게 된다. 이러면 정말 큰 일이 아닐 수 없다.

만약 당신 아이가 산만하다고 생각된다면 '좀 크면 나아지겠지, 괜찮아질 거야.' 라고 외면하거나 회피하지 말고 지금 당장 주의집중 훈련을 시켜야 한다.

주의집중 잘하는 아이로 키우는 여섯 가지 방법

가정에서 엄마가 연습을 시키면 주의집중력이 떨어지는 아이도 집중력이 향상될 수 있다. 하지만 주의할 점도 있다. 일단 시작하면

엄마랑 함께 해봐요

40분 동안 의자에 앉아 있기 놀이

유아학교 때까지 교실 바닥에 앉아서 자유롭게 수업을 하다가 초등학교에 입학 후 갑자기 40분 동안 딱딱한 학교 교실 의자 위에 똑바로 앉아 있기는 쉽지 않은 일이다. 따라서 일곱 살 겨울 방학이 되면 집에서 딱딱한 의자에 앉아서 40분간 집중해서 수업하는 연습을 해보는 것이 좋다. 놀이삼아 아이들과 40분간 의자에 앉아 있기 연습을 해두면 학교에 들어가 훨씬 더 쉽게 적응할 수 있다. 다음과 같은 방법으로 40분 동안 딱딱한 의자 위에 앉아 있기 훈련을 아이와 함께 해보자.

1. 몇 분 동안 움직이지 않고 똑바로 앉아 있을 수 있는지 아이 스스로 정하게 하고 그 시간만큼 움직이지 않고 똑바로 앉아 있기 놀이를 한다

먼저 학교 의자와 비슷하게 생긴 의자를 선택하고 아이 방이나 거실 한 가운데 의자를 갖다 놓는다. 그리고 아이에게 "너는 얼마 동안 의자에 똑바로 앉아 있을 수 있겠니?" 하고 물어본다. 이 때 시간은 엄마가 정해주는 것이 아니고 아이 스스로 정하게 한다. 아이가 10분 동안 움직이지 않고 똑바로 앉아 있을 수 있다고 하면 그 시간만큼만 똑바로 앉아 움직이기 않기 놀이를 한다. 이 때 엄마도 아이 옆에 의자를 갖다 놓고 함께 하는 것이 효과적이다.

아이가 정한 시간만큼 움직이지 않고 잘 했으면 듬뿍 칭찬을 해주어 성취감을 느낄 수 있게 해주고, 만약 해내지 못했다면 "네가 능력이 없어서가 아니라 계획을 잘못 세웠기 때문이야. 너는 분명히 더 앉아 있을 수 있어. 우리 다시 시간을 정해보자"라고 말하면서 다시 할 수 있다고 아이를 격려해준다.

2. 똑바로 앉아 있는 시간 늘리기

"우아, 우리 철수 대단한데! 역시 너한테는 대단한 능력이 있어… 그러면 이제 얼마나 더 오랫동안 앉아 있을 수 있을까?" 아이에게 다시 물어보고 시간을 조금씩 늘린다. 처음에는 그냥 앉아만 있게 하지만 점차 책상 앞에 앉아서 공부를 하거나 책을 읽는 등 인지활동을 하도록 유도 한다.

3. 40분 동안 똑바로 앉아 집중하기

15분, 20분, 30분 단계적으로 시간을 조금씩 늘려 40분 동안 똑바로 앉 아서 주의집중해서 공부할 수 있게 한다.

◉ 포인트

아이 스스로 똑바로 앉아 있는 시간 정하기 → 약속한 시간만큼 똑바로 앉아 있 기 → 잘했다고 칭찬 → 똑바로 앉아 있는 시간 늘리기 → 잘했다고 칭찬 → 똑 바로 앉아서 공부나 책읽기 등 인지활동 하기 → 잘했다고 칭찬 → 40분 동안 똑바로 앉아서 주의집중해서 공부하기→ 잘했다고 칭찬

끈기를 가지고 지속해야 하고 큰 목소리로 야단치듯 말하기보다는 낮은 목소리로 차분하게 말하는 것이 좋다. 아이가 잔소리쯤으로 여길 수 있는 불필요한 말은 가급적이면 줄이고 '해도 되는 것'과 '해서는 안 되는 것'을 명확하게 구분해주어야 한다. 또 엄마가 이 랬다저랬다 하지 말고 항상 일관성 있게 아이를 대하면 아이의 집 중력은 좋아질 수 있다. 또 의도대로 되지 않는다고, 아이가 잘 따 라와 주지 않는다고 화를 내거나 흥분해서도 안 된다. 칭찬만큼 아 이의 행동을 빨리 변화시키는 것은 없으므로 잘한 점을 찾아서 칭

찬해주고 더 잘할 수 있다고 격려하면 아이는 분명히 주의집중을 잘하는 아이로 변하게 된다.

첫째, 지시할 때에는 구체적이면서 분명하게 말하자

아이에게 무엇을 하라고 지시할 때에는 구체적으로 분명하게 말해야 한다. 불필요한 군더더기 말들은 아이를 산만하게 만들 수 있기 때문이다. 작고 낮은 목소리로 간단명료하게 말하면 차분해질 수 있다.

둘째, 한 가지 활동을 오랫동안 했을 때 듬뿍 칭찬해주자

한 가지 장난감을 가지고 오랫동안 놀거나 집중해서 책을 읽는 등 어떤 활동에 오랫동안 집중했을 때 놓치지 말고 칭찬을 듬뿍 해주어야 한다. 반대로 한 가지 활동을 끝내지 않고 다른 활동을 할 때에는 무시하거나 제지할 필요도 있다. 어떤 일을 한 가지 시작하면 적어도 그 연령에 맞는 주의집중 시간 동안 집중할 수 있도록 관심을 기울이고 도와주자.

셋째, 한꺼번에 많은 과제를 주지 말고 과제를 간단히 단순화시켜서 주자

한 가지 활동에 오랫동안 주의집중하지 못하는 아이에게는 한꺼번에 많은 과제를 주어서는 안 된다. 아이가 해야 할 과제나 활동을 단순화시켜 주거나, 여러 단계로 나누어 한 번에 하나씩 해결해 나갈 수 있도록 해 주어야 한다. 나눠서 하게 되면 전에 하지 못했던

일을 해내면서 점차 '나도 할 수 있다' 는 성취감을 느껴 자신감을
갖게 된다.

넷째, 차분한 집안 분위기를 만들어주자

아이가 산만하다면 잡다한 물건들이 눈에 띄지 않게 깨끗하게 정리
정돈된 분위기에서 생활하도록 해주자. 놀이가 끝난 뒤에는 반드
시 사용한 물건을 즉시 치우도록 지도하고, 아이 스스로 정리정돈
할 수 있는 수납장도 준비해 두자. 아이 방 벽지도 만화주인공 캐릭
터가 그려진 자극적인 것보다 감정을 진정시킬 수 있는 차분한 것
으로 바꿔주고 커튼도 차분한 것으로 바꿔주는 것이 도움이 된다.

다섯째, 아이에게 '빨리빨리' 라는 말은 하지 말자

우리는 알게 모르게 너무나 '빨리빨리' 문화에 젖어 있다. 빨리빨
리 문화는 아이를 교육시키는 데에도 그대로 적용돼 아이가 빨리빨
리 배우기를 원하고 빨리빨리 대답하길 바라고 빨리빨리 움직이길
바란다. 엄마가 빨리빨리를 외치다보면 아이는 서두르게 되고 그
러면 산만해진다. 아이가 서두르지 않고 천천히 할 수 있도록 기다
려주자.

여섯째, 주의집중력을 향상시키는 놀이를 시키자

놀이 중에는 아이의 주의집중력을 향상시킬 수 있는 놀이가 있다.
지속적으로 집중력을 높일 수 있는 게임을 하게 되면 자연스럽게
집중력이 향상된다.

● 숨은그림찾기: 시각적인 집중력 향상에 도움이 되는 놀이다.

● 도미노게임: 집중하지 않으면 원하는 모양으로 조각을 세울 수 없기 때문에 집중력 훈련에 큰 도움이 되는 활동이다.

● 엉킨실타래풀기: 참을성과 끈기, 집중력을 높일 수 있는 놀이다.

● 그림맞추기게임: 그림에서 빠진 부분 찾는 게임

엄마와 함께하는
준비학습 프로그램

Part3 >>>

초등학교는 10여년 이상 지속될 학교 교육의 첫 출발점으로 가장 중요한 기초교육이다. 학교 교육의 첫 단계인 초등학교를 어떻게 시작하느냐에 따라 중학교 더 나아가 고등학교에까지 영향을 미칠 수 있기 때문에 초등학교 기초교육이 중요한 것이다. 기초교육이 제대로 되어 있지 않으면 후에 아무리 많이 가르쳐도 밑빠진 독에 물붓기처럼 실력이 향상되기 어렵다. 아이가 어릴 때가 기회이다. 5~7세 때 미리 준비시켜야 초등학교 때 기초를 다져줄 수 있다.

1 사회성은 이렇게 준비시키자

낯선 환경에 쉽게 적응하지 못하는 아이들이 많다

은주는 어렸을 때부터 낯선 것과 친해지는 데 어려움을 겪었다. 익숙한 환경에서는 잘 놀지만 한 번도 가보지 않은 장소나 처음 만나는 사람에게는 거부감을 보였다. 남의 집에 놀러 가면 빨리 집에 가자고 조르고, 처음 만난 사람 집을 방문하면 그 집에 들어가지 않으려고 울고불고 난리를 쳐 엄마를 곤란하게 만든 적이 한두 번이 아니다. 엄마는 주변 사람들에게 미안해 그냥 집으로 돌아오곤 했다. 그러다보니 차츰 사회적인 활동이 줄어들게 되고 집에 있는 시간이 점점 더 많아지게 되었다. 유치원에 보내는 것도 아주 힘들었다. 유치원을 졸업하고 학교에 들어갈 때도 처음 만난 친구, 처음 본 선생님, 처음 본 교실, 모든 게 낯설어 초기에는 학교에 가지 않겠다고 엄마를 애타게 만들었다. 은주는 초등학교 1학년이 되었는데도 낯선 환경에 쉽게 적응하지 못해 어려움을 겪었다.

사람은 익숙한 환경, 익숙한 사람들과 만나면 편안하고 마음이 안정되지만 처음 보는 낯선 환경에 맞닥뜨리면 피하고 싶은 마음이 생긴다. 이때 낯선 것을 받아들이려는 노력을 해야 하는데 회피해 버리면 점차 사회성이 떨어져 대인관계에 문제가 생기는 것이다.

초등학교 1학년인 경민이는 집안에서는 왕자이다. 엄마 아빠가 모두 직장에 다니기 때문에 집 근처 외할머니 집에서 왕자처럼 자랐다. 경민이 엄마 아빠가 외동이기 때문에 양가 통틀어 손자가 경민이 하나밖에 없어서 금지옥엽으로 키웠던 것이다. 경민이 엄마 아빠도 직장 일이 바빠 미안한 마음에 경민이가 원하는 것은 무엇이든 다 들어주었다. 집에서는 큰 소리도 잘 치고 자신만만한데 학교에 들어가서는 웬일인지 친구들과 잘 어울리지 못하는 것이었다. 또래 친구들과 함께 공부하거나 놀 때에는 주도권을 잡지 못하고 주변에서 뱅뱅 도는 행동을 했다.

집에서는 왕처럼 군림하며 생활하는데 학교에 가서는 기죽은 아이처럼 겉돌기만 하는 아이들이 많다. 아이가 원하는 것은 무엇이든 알아서 척척 다 해주는 엄마 밑에서 자란 아이들은 자기 스스로 해볼 수 있는 기회가 없고 그럴 필요도 없기 때문에 문제가 생겼을 때 어떻게 해결해야 하는지 잘 모른다. 다른 사람의 감정을 이해하고 공감하는 사회적인 기술을 배우지 못했기 때문이다.

아이들은 부모와의 관계를 통해 다른 사람과의 관계를 만들어가기 때문에 대인관계의 기초는 부모와의 관계라고 전문가들은 말한다. 아이의 첫 상호작용 대상이 부모이기 때문이다. 어릴 때 부모와 좋은 관계를 맺어야 엄마 아빠와의 좋은 관계가 기억으로 떠올라 두려움 없이 다른 사람과 새로운 관계를 맺을 수 있는데, 그렇지 못할 경우 세상에 대한 신뢰감이 없어 다른 사람과 관계를 맺을 때 어려움을 겪을 수밖에 없다는 것이다.

민주적인 양육태도를 가지고 있어서 어떤 일이든 합리적으로 설명을 해주는 엄마 아빠 밑에서 자란 아이는 다른 사람과 새로운 관계를 맺을 때 부모처럼 합리적으로 설명하는 아이로 자란다. 엄마 아빠가 따뜻하게 아이를 대하고, 아이가 도움을 필요로 할 때 도와주고, 아이가 잘했을 때 칭찬해주면 아이는 다른 사람과 관계를 맺을 때에도 그럴 것이라는 신뢰가 바탕에 깔려 있기 때문에 다른 사람과 관계 맺는 것을 두려워하거나 어려워하지 않기 때문이다. 하지만 권위주의적이고 엄격한 엄마 아빠 밑에서 혼나면서 자란 아이는 다른 사람과의 관계를 맺을 때 주눅이 들어 있어 눈치를 보게 되는 경우가 많다. 엄마 아빠가 아이에게 냉정하거나 일관성이 없어 기분이 좋을 때는 대충 그냥 넘어가고 화가 나면 참지 못하고 폭발해버리면 아이는 '다른 사람이 나를 싫어하면 어쩌나!' 하는 두려움이 마음속에 자리잡기 때문에 매사 수동적인 태도를 보이거나 아예 자신을 보호하기 위해 공격적인 반응을 나타내기도 한다.

학교에서 친구들 사이에 인기 많은 아이의 특징은 자아존중감이 높고 자신감 있는 아이라고 일선 교사들은 말한다. 자아존중감이란 사람이 살아가는 데 힘을 주는 버팀목과 같은 것으로 자기 자신이 유능하고 중요하며 가치 있는 존재라고 믿는 아이 스스로의 마음이다. 자아존중감은 어릴 때부터 서서히 형성되는데 주변 사람들로부터 ─ 특히 엄마 아빠 ─ 많은 사랑과 관심을 받고 성장해가면서 주변 사람들에게 인정을 받고 스스로 해냈다는 성취감을 느끼면 자아존중감이 높아진다. 이런 아이들은 사람과의 관계에서도 자신감이 있어 다른 사람들과 잘 어울려 사회성이 뛰어나다.

엄마 아빠로부터 충분한 사랑을 받는다고 느끼면 아이는 자기 자신이 소중한 존재임을 누가 알려주지 않아도 안다. 엄마 아빠에게 사랑을 받고 있다는 느낌, 엄마 아빠가 나를 인정해준다는 느낌이야말로 아이에게는 더 이상 말이 필요 없는 가장 든든한 밑받침이 된다. 따라서 부모가 아무리 바쁘더라도 시간을 내서 아이와 함께 시간을 보내야 한다. 시간이 날 때마다 아이에게 책을 읽어주고 사랑한다고 말로 표현해야 한다. 엄마 아빠와 스킨십하며 시간을 보낼 때 아이는 자기 자신이 소중한 존재임을 느끼게 된다.

새로운 것을 받아들일 때는 미리 준비시키자

사람은 누구나 익숙한 환경에서는 마음이 편하다. 하지만 낯선 장소, 낯선 사람을 만나면 긴장을 하게 되고 약간의 두려움마저 생기게 된다. 생각하지 못한 일이 생길 수 있어 피하고 싶은 마음이 생기기도 한다. 하지만 우리는 낯선 사람을 만나야 하고 낯선 장소에 가야 한다. 새롭게 시작하는 모든 게 낯선 환경이다.

이것이 우리가 살아가는 사회이다. 이러한 사회에서 살아가기 위해서는 낯선 것도 친숙하게 받아들일 수 있는 사회적인 기술이 필요하다.

처음 학교에 들어갔을 때, 이사를 가게 되어 전학을 갔을 때, 학년이 바뀔 때, 사회에 나와 직장에 처음 들어갔을 때, 우리는 낯선 환경에 대한 두려움으로 스트레스를 받아 힘들어한다. 낯선 환경 속에서 새로운 사람들과 만난다는 것 자체가 사람을 심리적으로 위축시켜 두려움을 갖게 하고 심하면 불안감마저 느끼게 하기 때문이다. 낯선 환경에 두려움 없이 적응하는 아이로 키우기 위해서는 낯선 것을 받아들이는 연습이 필요하다.

새로운 것과 친해지는 데 많은 시간이 걸리는 아이는 대개 겁이 많고 숫기가 없으며 내성적이다. 목소리가 작아 무슨 말을 하는지 잘 알 수 없고 어려운 상황을 피하려 들기 때문에 또래 친구들과의 활동에 참여하는 데도 어려움이 많다. 새로운 환경에 빨리 적응하지 못하면 또래 친구들로부터 무시당할 수 있으므로 학교에 들어가기 전에 새로운 사람과 환경에 적응할 수 있도록 엄마가 도와주어야 한다.

첫째, 어릴 때부터 많은 사람들을 만날 수 있는 기회를 만들어주자

어릴 때부터 여러 장소에서 다양한 사람들과 만나본 아이는 낯가림이 적다. 엄마가 힘들다고 아이를 집에서만 키우면 낯선 환경, 처음 본 사람에 대해서 두려움을 갖기 쉽다. 엄마가 조금은 귀찮고 힘들더라도 친구, 친척, 이웃 등 가족 이외의 사람들과 어울릴 수 있는 기회를 만들어주어야 한다. 또 가끔씩은 또래 친구들을 집으로 초대해 함께 놀게 해주면 차츰 낯설지만 새로운 것을 받아들이려는 노력을 아이 스스로 하게 된다.

둘째, 새로운 경험에 대해 미리 마음의 준비를 시키자

낯선 곳에 가게 될 경우나 처음 보는 낯선 사람을 만나게 될 경우 미리 마음의 준비를 시켜주고 새로운 것에 호기심을 가질 수 있게 해주는 것이 도움이 된다. 새로운 곳을 방문할 때에는 그 곳이 어떤 곳인지, 낯선 사람을 만날 때에는 그 사람이 누구인지 미리 아이에게 정보를 주어 아이 스스로 마음속에서 준비하게 하는 것이다. 예전에 낯선 곳에 갔을 때 기분이 어떠했는지 물어보고 불안하거나 두려웠다면 왜 그랬는지 아이와 이야기를 나눠보는 것도 도움이 된다. 만약 공식적인 행사모임이라면 아이와 함께 미리 방문해 보면 낯선 것이 조금은 희석돼 덜 낯설게 느껴진다. 예를 들어 초등학교에 입학하기 전에 배정받을 학교를 미리 여러 번 방문해 학교와 친숙하게 해놓는 것이 낯선 곳에 대한 거부감이나 부담감을 없애는 방법이다.

셋째, 새로운 것에 익숙해질 때까지 기다려주자

아이들 중에는 기질적으로 발동이 늦게 걸리는 아이가 있다. 이런 아이들은 수줍음이 많고 내성적이어서 새로운 환경에 빨리 적응하기 어렵다. 아이가 기질적으로 새로운 환경에 적응하는데 시간이 걸린다면 억지로 강요하지 말고 아이가 준비될 때까지 기다려주어야 한다. 이런 아이들은 익숙해지면 자신감을 찾아 친구들과 잘 지낼 수 있으므로 조급해하지 말고 자연스럽게 친구들과 접촉할 기회를 만들어주는 것이 바람직하다.

친구 사귀는 방법을 가르쳐주자

엄마 세대들은 예전에 골목에서 동네 친구들과 뛰어놀면서 혹은 형제들과 지내면서 대인관계 능력을 스스로 배울 수 있었지만 요즘에는 모두 왕자, 공주로 떠받들며 자란데다 학원이다 학습지다 하는 사교육 활동이 많아 또래 친구들과 감정을 주고받으며 배려하는 경험을 많이 하지 못해 친구를 잘 사귀지 못하는 아이들이 많다. 그런 아이들에게는 친구 사귀는 방법, 친구와 친해지는 방법을 엄마가 집에서 인형놀이로 가르치면 효과적이다.

첫째, 밝은 표정을 짓게 하자

감정을 나타내는 얼굴 표정은 사람의 기본정서 즉 기쁨, 슬픔, 놀람 등을 나타내는 수단이 되어 첫인상에 매우 중요하게 작용한다. 얼굴 표정은 자신의 의도와는 상관없이 나타나기 때문에 마음대로 조절할 수는 없지만 가급적이면 아이가 밝은 얼굴 표정으로 다닐 수 있도록 도와주어야 한다. 엄마가 먼저 생글생글 웃으며 밝은 표정으로 아이를 대하면 아이도 밝은 표정을 짓게 된다. 만약 얼굴빛이 어둡고 시무룩하다면 아이 마음속에 걱정거리가 있는 것은 아닌지 살펴봐야 한다.

둘째, 이야기할 때는 상대방과 적절하게 눈을 마주치게 하자

대인 관계를 맺을 때 상대방과 적절하게 눈을 마주치는 것이 중요하다. 눈을 마주친다는 것은 상대방에 대한 관심을 표현하는 것이다. 아이들이 학교에 들어가 선생님에게 '왜 선생님 말을 듣지 않느냐?' 는 이유로 야단을 맞는 경우가 있다. 아이는 '분명히 듣고 있었는데 선생님은 안 들었다고 한다' 는 볼멘소리를 한다. 아이가 거짓말을 하는 것이 아니다. 단지 선생님 눈을 적절하게 보면서 들어야 하는데 딴 곳을 주시하면서 들었기 때문에 선생님 입장에서는 선생님 말을 듣지 않고 딴청 하는 아이로 보인 것이다. 상대방의 이야기를 들을 때에는 적절하게 눈을 마주쳐야 한다는 사실을 알려주고, 엄마도 아이와 이야기할 때에는 꼭 눈을 마주치며 이야기하자.

또래 친구들과의 관계에 특별히 신경써주자

아이가 또래 친구들과 관계를 맺는 것은 매우 중요한 일이다. 또래 친구들과 함께 놀면서 서로 협동하고 이해하며 때로는 정해진 규칙에 따라 당당하게 경쟁하고 결과에 승복하는 것을 아이 스스로 배울 수 있기 때문이다. 공부도 중요하지만 성인이 된 후 사회생활의 기본이 되는 사회성을 길러주기 위해서는 또래 친구들과 자주 놀수 있도록 해주어야 한다.

또래 친구와의 관계는 사회성은 물론이고 성격, 정서, 인지 발달에 큰 영향을 미치기 때문에 그 어떤 것보다도 중요하다. 또래 집단으로부터 인정받고 있다는 느낌이 아이에게 긍정적인 자아개념을 갖게 하고, 또래 친구들과의 관계를 통해 사회생활에 필요한 여러

알아두세요

친구들과 잘 어울리는 방법 열 가지

1. 친구 이름을 외우고 친하고 싶으면 먼저 말을 건넨다.
2. 친구의 좋은 점을 찾아서 칭찬해 준다.
3. 친구들이 놀고 있을 때는 자기 마음대로 중간에 끼어들지 않고 놀이가 멈춰질 때까지 기다린다.
4. 같이 놀고 싶다는 말을 하고 끼워주지 않으면 그냥 다른 데로 간다.
5. 심하게 까불면서 오버하지 않는다.
6. 규칙을 잘 지키고 자기 차례가 아니면 나서지 않는다.
7. 말꼬리 잡고 늘어지는 말싸움은 하지 않는다.
8. 말할 때에는 친구 눈을 쳐다보고, 친구가 하는 말을 귀담아 듣는다.
9. 친구가 이야기하는 도중에 불쑥 끼어들지 않는다.
10. 주제와 상관없는 말을 하지 않는다.

가지 적응기술들을 배울 수 있다. 처음 학교에 들어가 또래 친구들에게 무시되거나 거부당하는 경험을 하게 되면 마음속에 상처를 받고 이로 인해 학업 실패로까지 이어질 수 있으므로 엄마는 또래 친구와의 관계에 특별히 신경을 써야 한다.

어른들은 취학 전 아이에게는 어리다는 이유로 양보하고 아이가 원하는 대로 해주는 경향이 있지만 또래 친구는 다르다. 아이들 모두 자기 위주로 생각하고 주장하기 때문에 다툼이 일어날 가능성이 많다. 따라서 또래 친구들과 잘 지내려면 어떻게 해야 하는지 그 방법을 알려주어야 한다.

하지만 그렇다고 해도 이렇게 저렇게 해야 한다고 말로 가르칠 수는 없다. 가장 효과적인 방법은 엄마가 모범을 보여주는 것이다. 그리고 아이가 다른 친구를 도와주거나 친구와 협동해서 어떤 일을 해냈을 때 칭찬을 해주어서 친구를 도와주는 일이 얼마나 가치있는 일인지 경험하게 해주어야 한다. 엄마 자신도 아이 친구들에게 친절하게 대하고 아이 친구를 집으로 초대해 아이의 장난감을 친구들과 나누는 경험을 시키는 것도 도움이 된다. 다음과 같은 내용을 가지고 아이와 함께 생각해보는 시간을 갖자.

- 친구 감정 읽기 -- 함께 놀고 있는 친구가 어떤 감정을 갖고 있는지 관심을 갖는다.
- 친구 배려하기 -- 입장을 바꿔 생각하면 친구를 배려하는 마음이 생긴다.

- 친구의 놀이 관찰하기 -- 친구는 어떤 놀이를 좋아하는지 관찰해 본다.
- 친구 칭찬하기 -- 친구와 놀면서 친구의 좋은 점이 발견되면 바로 칭찬해준다.
- 나의 감정 표현하기 -- 기분이 상했을 때에는 즉각 어떤 점이 기분 나쁜지 말로 자기의 감정을 표현한다.
- 친구에게 사과하기 -- 잘못한 일이 있을 때에는 잘못을 인정하고 말로 사과한다.
- 게임에 졌을 때 승복하기 -- 게임이나 놀이를 해서 졌을 때 진 것을 인정하고 승복한다.
- 친구에게 도움을 청하고 친구 도와주기 -- 도움이 필요할 때에는 친구에게 도와달라는 말을 하고, 친구가 어려울 때에는 친구를 도와준다.
- 충동 조절하기 -- 말이나 행동을 하기 전에 먼저 한번 생각해본다.

또래 관계가 좋은 아이로 키우는 여섯 가지 놀이학습

또래 친구들과 좋은 관계를 맺게 하는 가장 좋은 방법은 놀이를 통해 자연스럽게 배우게 하는 것이다. 특히 역할놀이를 통해 또래 친구가 되어보면 친구의 마음이나 감정을 이해할 수 있다. 틈틈이 아이와 사회적인 기술을 가르치는 놀이를 하면 친구들에게 환영받는

멋진 아이로 성장할 수 있다.

첫째, 마음을 맞추는 놀이 - "2인 3각 달리기"

오래되어 쓰지 않는 아빠의 넥타이를 2개 준비하고 또래 친구 네

♥·♥

인기있는 아이 & 인기없는 아이

친구들에게 환영받는 인기 있는 아이
· 또래 친구들을 잘 배려하고 여러 친구들과 잘 논다.
· 친구 물건을 빌리거나 할 때 미리 승낙을 얻는다.
· 항상 즐거워 보이고 잘 웃는다.
· 여러 친구들과 잘 지내고 무슨 일을 할 때 협동적이다.
· 깨끗하고 깔끔해 매력적이다.

친구들에게 환영받지 못하는 아이
· 다른 사람을 배려하는 마음이 별로 없어 자기밖에 모른다.
· 부모나 교사에게 의존적이다.
· 다른 친구들의 물건을 함부로 만지고 허락 없이 사용한다.
· 다른 친구를 잘 놀리고 집적거리며 싸움도 잘 건다.
· 함께 하는 일이나 공부에 비협조적이고 무슨 일이든 혼자서 하려고 한다.
· 잘 웃지 않고 표정이 시무룩하고 외모 또한 지저분하다.
· 게임이든 놀이든 이겼을 때는 좋아하지만 지고 있을 때는 기분 나빠하고 판을
  뒤엎기도 한다.

명을 집으로 초대한다. 아이들을 자유롭게 놀게 한 후 아이 친구들과 함께 2인 3각 달리기를 시켜보자. 서로 마음이 맞아야 함께 뛸 수 있기 때문에 친구와 협동할 수 있는 좋은 놀이이다.

둘째, 상대방을 배려하는 놀이 - "서로서로 발라주고 마사지해주기"

샤워나 목욕을 한 후 서로에게 로션을 발라주는 활동이다. 늘 엄마에게 사랑을 받기만 하는 아이가 엄마에게도 무엇인가 해줄 수 있는 일이 있다는 것을 알게 해준다. 서로 상대방의 얼굴, 팔, 다리 등에 바디로션을 발라주고 부드럽게 마사지해보면서 서로의 사랑과 관심을 확인할 수 있다.

셋째, 서로 칭찬해주는 놀이 - "나 소개하기, 상대방 칭찬해주기"

엄마, 아빠, 아이가 모여 앉아서 도화지에 자기 모습을 예쁘게 그리고 색칠을 한 다음, 가위로 오리고 뒷부분에 나무젓가락을 테이프로 붙여 손으로 들 수 있게 한다. 엄마, 아빠, 아이가 동그랗게 모여 앉아 자기가 그린 그림으로 얼굴을 가리고 순서를 정해 자신의 장점을 이야기하고 상대방의 장점을 찾아서 칭찬해주는 시간을 갖는다. 이때 엄마 아빠가 아이의 좋은 점을 가급적이면 많이 찾아서 말해주어 아이 스스로 '나는 이렇게 좋은 점이 많구나' 하는 것을 느낄 수 있게 해주는 것이 포인트이다. 이런 놀이를 통해 아이의 자아존중감을 높일 수 있다.

넷째, 분명하게 자기주장을 하는 놀이 — "하지 마!"

친구와 갈등 상황이 생길 때 어떻게 해결해야 하는지 미리 생각해
보고 연습시키는 놀이이다. 인형을 여러 개 준비하고 엄마 아빠와
함께 인형놀이를 하면서 여러 가지 갈등 상황을 만들어서 아이가
자신의 생각이나 의견을 분명하게 말로 표현할 수 있도록 연습시
킨다.

상황 1 줄을 서 있는데 어떤 아이가 내 앞에서 새치기할 때 나는 어
떻게 해야 할까?
➡ 다른 친구처럼 줄을 서야 한다고 말로 표현할 줄 알게 한다.

상황 2 소꿉놀이를 하는데 상을 엎어놓고 자기가 그런 것이 아니라고 나에게 죄를 뒤집어 씌울 때 나는 어떻게 해야 하나?

→ 말을 하지 않으면 내 잘못을 인정하게 되므로 내가 그런 것이 아니라는 것을 말로 정확하게 표현할 줄 알게 한다.

다섯째, 상대방 기분을 알아맞히는 놀이 - "기뻐요" "슬퍼요"

누가 먼저 할 것인지 가위, 바위, 보를 해서 순서를 정한 다음 상대방의 기분을 알아맞히는 게임이다. 먼저 엄마가 화난 표정, 기쁜 표정, 슬픈 표정, 우는 표정, 웃는 표정을 짓고 어떤 감정인지를 알아맞히는 놀이이다. 다른 사람의 감정을 느끼고 이해하는 연습을 시킬 수 있다.

'미안해' '고마워' '도와줘' 이러한 말들은 평소 연습하지 않으면 입에서 잘 나오지 않는다. 만약 아이가 이런 말을 잘 하지 못한다면 역할놀이를 통해 자연스럽게 사과하는 말이 나올 수 있게 많이 연습시키는 것이 좋다.

- 어른에게 허락을 구할 때 → "…해도 될까요?"
- 친구에게 잘못했을 때 → "미안해."
- 친구가 물건을 빌려주거나 도움을 주었을 때 → "고마워."

2 공부욕심은 이렇게 키워주자

자신감이 있어야 '한번 해보겠다' 는 성취동기가 생긴다

초등학교 1, 2학년 때에는 스스로 열심히 공부해 성적이 잘 나오는 아이가 있는가 하면 별로 열심히 하지 않았는데도 성적이 좋은 아이도 있고, 엄마나 과외 교사 등 다른 사람의 도움을 받아서 공부를 잘하는 아이도 있다. 겉보기에는 모두 다 똑같이 공부 잘하는 아이지만 속을 들여다보면 전혀 다르다.

별로 공부를 하지 않았는데도 성적이 잘 나와 공부를 잘하는 아이는 자만심이 생겨 기초를 쌓아야 할 시기인 초등학교 1, 2학년 때 공부를 소홀히 하기 쉽고, 다른 사람의 도움을 받아 공부를 잘하는 아이는 스스로 공부하는 습관을 들이지 못한 채 남에게 의존하기 때문에 열등감을 가질 수 있다. 따라서 취학 전 혹은 초등학교 1, 2학년 때에는 '열심히 하면 성공할 수 있다'는 믿음과 확신을 심어주는 것이 그 어떤 것보다도 중요하다.

많은 엄마가 아이가 잘했을 때에는 당연한 것으로 여겨 칭찬에 인색하면서 잘못을 했을 때에는 하나하나 지적하면서 심하게 야단치는 경향이 있다. 또 높은 목표를 잡아놓고 아이를 몰아치기도 한다. 그렇게 되면 아이는 자기 자신이 무능하다고 생각해 아무것도 하려들지 않는 회피형 인간이 될 수 있다.

자신이 노력하여 얻은 부분에 대해 얼마만큼 가치를 부여하느냐는 엄마 아빠가 어떤 반응을 보이느냐에 달려 있다. 열심히 노력한 부분에 대해 칭찬을 해주고 앞으로 더 잘할 수 있다고 격려해 주면 아이는 자신이 노력하여 얻은 결과에 만족해 '다음에는 더 잘해야지' 하는 생각을 하게 된다. 하지만 '몇 점, 몇 등'에만 초점을 맞추고, 엄마나 아빠가 기대한 점수가 나오지 않으면 야단을 치거나, 괜찮다고 하면서도 실망하는 모습을 보여주면 아이는 자신에게 실망하게 된다.

공부 못하는 아이들의 특징 중 하나는 '하면 뭘 해. 해봤자 소용없는데' 하는 부정적인 생각이 머릿속에 꽉 차 있다는 것이다. 이런 아이들은 자기 능력을 과소평가하여 '난 못해'라고 못을 박아놓고는 할 생각조차 하지 않는다. 당신의 아이는 어떠한가? 무엇이든 할 수 있다는 자신감에 차 있는가? 아니면 어떤 일이든 못한다고 쉽게 포기해버리고 마는가? 따라서 어릴 때에는 무엇보다도 '노

력하면 된다. 열심히 하면 성공할 수 있다' 는 믿음과 확신을 심어
주는 것이 중요하다.

아이가 노력했을 때 한껏 칭찬을 해주자

아이가 몇 점을 받았느냐보다는 어떻게 해서 그 점수를 받았느냐에
더 많은 관심을 갖자. 아이가 열심히 노력했다면 비록 성적이 좋지
않다 하더라도 노력한 가치를 인정해주어서 '다음번에는 더 잘할
수 있음' 을 믿게 해야 한다. '몇 개 틀렸는지, 몇 점인지, 다른 아이
는 어떤지?' 보다는 '내 아이가 얼마나 열심히 노력했는지?' 에 더
많은 관심을 가져야 한다. 초등학교 1학년 때 아이들이 꼭 배워야
할 것은 열심히 노력하는 성실한 생활 태도이다. 성실한 태도를 몸
에 익히면 열심히 공부하는 아이로 성장할 수 있다.

"우리 영희 정말 대단한데! 네가 열심히 하는 것을 보고 엄마는 분명히 해낼 거라고 믿고 있었어…. 엄마는 정말 기뻐."

엄마가 얼마나 기쁜지, 너를 얼마나 자랑스럽게 여기는지 구체적인 말로 표현하면 아이는 자기 자신을 칭찬하고 자랑스럽게 여기면서 앞으로 더 열심히 해야지 하는 의욕이 생긴다. 이런 경험이 수십 번, 수백 번 쌓이면 아이는 '노력을 하면 칭찬을 받는구나' 하는 사실을 경험적으로 배우게 된다.

아이가 잘했을 때에는 진심으로 기뻐하는 모습을 보여주고 노력한 부분에 대해서 칭찬을 해주자. 만약 아이가 열심히 노력을 했는데 결과가 좋지 않았을 때에도 '능력이 없어서가 아니라 방법이 잘못 되었기 때문'이라고 말해주자. 그래야만 아이가 실망하지 않고 다시 시작할 수 있다. "성공은 1%의 영감과 99%의 노력에 의해서 이루어진다."는 에디슨의 이야기도 빼놓지 말고 들려주자.

스스로 공부하는 힘은 이렇게 생긴다

공부를 열심히 했다. 지난번보다 잘했다 → 기분이 좋다 → 엄마 아빠에게 칭찬받는다 → 뿌듯함이 올라온다. 자기 자신에게 잘했다고 칭찬한다 → 다음번에는 더 잘해야지 하는 의욕이 생긴다 → 실제로 더 열심히 공부한다.

하기 싫은 공부했다 → '공부, 해보니까 별거 아니네' 하는 생각이 들었다 → '한번 해보지 뭐' 라고 생각해 공부를 조금 했다. → '해볼 만한데' 라는 생각이 들었다 → '어? 하니까 되네' 결과가 좋았다 → '다음엔 더 잘해야지' 공부에 욕심이 생기기 시작했다.

많은 아이들이 공부하라고 하면 자꾸 미루고, 숙제는 성의없이 후
딱 해치우고, 책상 앞에 앉아 있어도 공부하지 않고 딴 짓만 하고
있고, 시험인데도 공부에는 관심이 없고 컴퓨터 게임만 하려들어
엄마들 속을 태운다. 게다가 고학년이 되면 공부가 인생의 전부는
아니라면서 공부 좀 하라는 엄마 말을 단칼에 잘라버린다. 공부에
관심도 욕심도 없는 아이들이 많다는 얘기다. 해보겠다는 의욕도
없고 무엇 때문에 해야 하는지 동기도 목적도 없는데 어떻게 아이
스스로 열심히 하기를 바라겠는가!

　사람은 누구나 자신감이 있어야 한번 해보겠다는 의욕과 동기가
생긴다고 한다. 이런 성취에 대한 동기부여는 초등학교 입학 무렵
인 만 6, 7세가 가장 중요하다고 알려져 있다. 친구들과의 경쟁이
시작되는 이때 '할 수 없다' 는 좌절감을 느끼면 '해봤자 소용없다'
는 부정적인 생각이 마음속에 숨어들 수 있기 때문이다. 따라서 취
학 전 6, 7세 때 엄마 아빠가 아이를 어떻게 대하느냐에 따라 자신
감이 넘치는 아이로 성장할 수도 있고 반대로 아무것도 하려들지
않는 저성취 증후군의 아이가 될 수도 있다.

첫째, '왜 공부를 해야 하나?' 중요성을 깨우쳐 주자

우선 '학교에서는 공부를 최우선으로 생각해야 한다' 는 것을 분명
히 아이에게 알려줄 필요가 있다. 일단 학교에 들어가면 공부가 시

작되고 공부와 관련해서 어떠한 경험을 했느냐에 따라 아이의 자아 개념 형성에 큰 영향을 미치게 된다. 학교에서 치러지는 다양한 시험은 선생님과의 관계, 친구들과의 관계를 맺어주고, 이러한 새로운 관계 속에서 아이는 자기 자신을 평가하면서 자기 자신에 대한 자아 개념을 만들어 나간다. 그렇기 때문에 초등학교 1학년 학교공부가 중요한 것이다.

공부의 중요성을 깨닫게 해줘야 한다니까 공부 자체보다는 나타난 결과, 다시 말해 성적에만 관심을 기울이는 엄마가 많다. 결과(점수)에 지나치게 민감하게 반응하면 아이는 과정(노력)을 소홀히 할 수 있으므로 특히 초등학교에 갓 입학한 1학년 때에는 결과보다는 과정에 더 많은 관심을 기울여 어떤 일이든 최선을 다하는 태도를 길러주는 것이 가장 중요하다.

둘째, 할 수 있다는 자신감을 심어주자

어떤 일을 훌륭히 잘 해냈을 때 마

공부에 대한 부정적인 생각
➡ 긍정적인 생각

- 나는 못할 거야. ➡ 힘들기는 하지만 해낼 수 있어.
- 이번에도 또 시험을 못 볼 거야.
➡ 이번에는 공부를 많이 했기 때문에 잘할 수 있을 거야.
- 공부해도 어차피 결과는 마찬가지일 텐데.
➡ 공부하면 좋은 점수를 받을 수 있어.
- 한 번도 제대로 된 적이 없어.
➡ 이번에는 달라. 분명히 잘 될 거야.
- 하면 뭐 해. 해봤자 소용도 없는데…
➡ 계획대로만 한다면 이번에는 잘할 수 있을 거야.
- 나는 바보 같애. ➡ 나는 똑똑해.
- 내가 늘 그렇지 뭐.
➡ 나는 다른 아이하고는 달라.
- 난 못 해. ➡ 난 무엇이든 할 수 있어.
- 내가 그렇지 뭐. ➡ 내가 누군데! 문제없어.

음속 깊은 곳에서 올라오는 뿌듯한 마음을 느껴본 적이 있을 것이다. 이것이 바로 성취감이다. 성취감을 많이 그리고 자주 느껴본 아이는 '할 수 있다' 는 자신감이 생겨 공부든 악기를 배우는 일이든 스포츠 경기든 모든 일을 의욕적으로 한다. 하지만 '공부는 해서 뭐 해. 할 필요 없어' '해봤자 소용없어' 라고 자기 자신에 대해 부정적으로 생각하는 아이는 아무리 공부하라고 야단을 치고 윽박질러도 공부하는 척은 해도 실제로는 공부를 하지 않는다.

스스로 공부하는 아이로 키우려면 먼저 공부에 대한 부정적인 생각을 갖지 않도록 해주어야 한다. 그러기 위해서는 아이에게 '할 수 있다' 는 자신감을 심어주어야 한다. 잘한 점을 찾아서 칭찬해주고 앞으로 더 잘할 수 있다고 격려해주면 아이는 자신감을 갖게 된다. 칭찬에 인색한 엄마들은 명심하라. 칭찬과 격려만이 스스로 공부하는 아이로 만들 수 있다는 사실을 말이다.

셋째, 스스로 해낼 수 있음을 아이에게 믿게 해주자

아이들은 엄마가 자기를 믿어주고 더 잘할 수 있다고 기대해 주면 정말로 그렇게 된다. 이것이 피그말리온 효과이다. 사람은 다른 사람이 기대하는 만큼 노력하게 되고 노력하면 실제로 그렇게 된다는 것이다. 다시 말해 '우리 영희는 능력이 있어. 앞으로 훌륭한 사람이 될 거야' 라고 생각하면서 아이를 대하면 아이는 정말로 그렇게 된다는 것이다. 적절한 기대를 해야 아이는 해보겠다는 동기가 생기고 의욕이 싹튼다는 말이다.

아이가 초등학교에 들어가면 민사고(민족사관고등학교), 서울대를 목표로 공부시키다가, 중학교에 들어가면 목표를 한 단계 낮춰 연·고대를 목표로 공부시키다가, 고등학교에 들어가면 IN SEOUL을 목표로 공부시킨다는 우스갯소리가 있다. "너는 민사고에 가야 해. 학원도 민사고 반에 들어가야지." "열심히 공부해서 과학고 가고, 서울대 가는 거야. 알았지?" 라고 말하는 엄마도 있다. 아이가 어릴 때는 많은 엄마가 '우리 아이 1등으로 만들어야지' 하는 생각을 하기 때문이다.

어릴 때 열심히 시키면 얼마든지 해낼 수 있다고 믿어 강도 높게 훈련을 시킨다. 물론 아이가 성공적인 삶을 살아가기 위해서는 엄마 아빠의 기대가 중요하다. 그러나 기대가 지나치게 높으면 아이

는 해낼 수 없어 오히려 좌절감만 느끼게 된다. 어린 나이에 성취감 한 번 제대로 느껴보지 못한 채 '할 수 없다'는 좌절감만 느끼게 되면 그 아이는 자기 자신을 형편없는 사람이라고 여기게 된다.

아이가 해낼 수 있는 합리적인 기대 수준을 잡는 것, 그것이 중요하다. 합리적인 수준이라고 하는 것은 지금보다 한 단계 높은 수준을 말한다. 또 엄마가 임의대로 목표를 정하지 말고 아이와 상의해서 목표를 잡으라고 말하고 싶다. 공부하는 주체는 엄마가 아니라 아이 자신이기 때문이다.

아이의 '기'를 살려주는 엄마의 대화법

"그래, 네 맘대로 하고 살어. 네 인생이지 엄마 인생이냐!"

"엄마는 이제 지쳤어. 이제부터는 니가 알아서 해."

"엄마도 몰라. 도대체 뭐가 되려고 저러는 건지… 이제 포기해야겠어."

"왜 엄마 말 안 듣는 거야, 이 웬수덩어리야."

"이따 아빠 오면 다 일러버릴 거야. 알아서 해!"

아이가 엄마 말을 듣지 않으면 몇 번은 참아주다가 이것이 쌓이면 폭발해 자신도 모르게 이렇게 아이에게 퍼붓게 된다. 얼마나 화가 났으면 저렇게까지 퍼부을까? 이해가 안 되는 것은 아니지만 아무리 화가 나도 '아이를 포기하겠다'는 식의 말은 해서는 안 된다. 아이는 아이대로 엄마 말에 큰 상처를 받고, 엄마도 괜한 말을 했다는 죄책감에 빠져 상황만 악화된다. '당신은 어떤 유형의 엄마인가?' 혹시 다음과 같은 유형의 엄마는 아닌지 솔직히 생각해보자.

▷ 아이에게 일방적으로 지시만 하는 엄마

"시끄러, 시키는 대로 하기나 해. 무슨 말이 그렇게 많아. 하라는 대로 하면 돼. 나머지는 엄마가 다 알아서 해줄 테니까…."

▷ 엄마의 어린 시절과 비교하면서 옛날 타령만 하는 엄마

"엄마는 지금 네 나이 때 혼자 다 했어. 너는 지금 행복한 줄 알아야 해. 엄마가 다 해주잖아. 옛날에 엄마는…."

▷ 아이 말은 들어보지도 않고 지레 짐작한 후 아이를 다그치는 엄마

"넌 도대체 왜 그러니? 너 지금 엄마한테 거짓말하고 있는 거지. 엄마가 네 속을 모를 줄 알고! 다 알아, 다아…."

▷ 권위로 아이를 위협하는 엄마

"너 혼나야겠구나. 어린 것이 어디 건방지게 그런 말투로 엄마한테 말을 해. 그렇게 네 맘대로 하고 싶거든 이 집을 나가버려!"

▷ 아이를 무시하고 깔보는 엄마

"니가 했다구? 말도 안 돼. 너 어떻게… 솔직히 말해 봐. 누가 해줬지? 해준 애가 누구니?"

만일 당신이 여기에 해당되는 엄마라면 이제부터는 아이와의 대화법을 바꾸어야 한다. 엄마가 아이에게 한바탕 퍼부으면 엄마 속은 시원하겠지만 아이의 변화된 행동은 기대할 수 없기 때문이다. 속 시원하게 하고 싶은 말을 다 퍼붓는 엄마가 될 것인가 아니면 화가 날 때 좀 참았다가 아이의 이야기를 들어본 후 잘못된 행동을 고치는 엄마가 될 것인가는 엄마의 선택이다.

취학 전 어린 아이들의 경우 엄마가 막 화를 내며 퍼부으면 무엇 때문에 저러는지, 왜 저러는지 모르고 그저 무섭게 변해버린 엄마 모습에 놀라 울기만 한다. 그런데 이런 일이 자꾸 되풀이 되면 '우리 엄마는 원래 저래' 하는 식으로 생각해버린다. 아이가 조금 더 크면 그저 한 차례 퍼붓다가 지나가는 소나기쯤으로 여겨 '이 시간만 모면하면 될 거야' 라고 생각한다. 이렇게 되면 아이는 자기가 무엇을 잘못해서 무엇 때문에 엄마에게 야단을 맞았는지 알지 못한 채 넘어가게 된다. 따라서 엄마가 아이의 행동이나 태도를 바꾸려면 지금과 같이 한 차례 퍼붓는 소나기식으로 야단쳐서는 소용이 없다. 대화방식을 완전히 바꾸어야 한다.

우선, 무엇을 잘못했는지 구체적으로 설명해주자.

아이의 잘못된 행동 때문에 화가 났을 때 "왜 말을 안 듣는 거야?" "이유가 뭐야?" 식으로 아이에게 되묻지 말고, 구체적으로 무엇을 어떻게 잘못했는지 알기 쉽게 설명을 해 주어야 한다. "네가 아까 식당에서 큰 소리로 떠들고 신발을 신고 의자에 올라간 것은 잘못한 일이야. 다른 사람이 의자에 앉을 때 네 신발에 묻은 흙이

묻으면 어떻게 하겠니? 식당이나 전철 안에서 신발 신고 의자 위에 올라서면 안 돼" 식으로 잘못된 부분을 꼭 집어서 일러주어야 한다. 그래야 아이는 자기가 무엇을 잘못 했는지 알고 다음 번에는 그런 실수를 하지 않겠다는 생각을 하게 된다.

또 가급적이면 자존심에 상처 주는 말은 하지 말자.

엄마들도 어릴 때 친정 엄마로부터 "이 웬수야" "바보 같으니라구!" "아이구, 저 물건도 자식이라고 내가 제 낳고 미역국 먹었으니" 하는 식의 자존심 상하는 말을 들었을 것이다. 그 때 기분이 어떠했는가?

어떤 엄마는 지금도 친정 엄마가 퍼붓던 말들이 생생하게 기억난다고 한다. 그런데 이상하게 친정 엄마한테 들었던 그 말들을 나도 모르게 내 아이에게 친정 엄마와 똑같이 퍼붓고 있다는 사실을 알고 너무나 놀랐다고 털어놓았다. 그토록 싫어했던 친정 엄마 모습이 바로 자기 자신의 모습이더라고…. 아무리 화가 나도 아이 자존심에 상처를 주는 말은 하지 말자. 감정이 섞인 체벌이나 퍼붓는 말은 아이 마음속에 깊은 생채기만 낸다.

아이에게 화가 났을 때에는 일단 마음을 가라앉히고 '왜 그런지?' 차분하게 생각해봐야 한다. 화가 나면 잠시 그 자리를 떠나 차분하게 생각해보는 시간을 갖자. 아이가 잘못한 부분을 구체적으로 설명해주면 아이는 자기가 무엇을 잘못했는지 알게 되고 자신의 잘못을 인정하게 된다.

'나는 괜찮은 사람이야' '나는 훌륭해' '나는 무엇이든 할 수 있어. 나는 능력이 있거든' 아이가 자기 자신에 대해서 이런 생각을 가지고 있어야 아이는 무슨 일이든 열심히 하려든다. 그런데 '해서 뭐 해. 안될 게 뻔한데. 할 필요 없어' 라고 자기 자신에 대해 부정적으로 생각하는 아이는 어떤 일이든 잘할 수 없다. 아이가 자기 자신에 대해서 부정적으로 생각하느냐, 긍정적으로 생각하느냐는 엄마의 말 한마디 한마디에 달려 있음을 잊지 말자.

3 국어는 이렇게 준비시키자

듣기
먼저 귀담아듣는 습관을 들여주자

> 엄마: 너 엄마 말 안 듣고 뭐 했어?
> 아이: 못 들었어요. 엄마가 언제 그런 말을 했는데….

아이에게 말을 한 후 조금 있다가 다시 그 이야기를 꺼내 물어보면 언제 그런 이야기를 했느냐는 식으로 의아해할 때가 있다. 또 아이에게 심부름을 시켰는데 완전히 까먹고 있거나 엉뚱한 일을 해놓아 황당했던 경험도 있을 것이다. 이처럼 아이와 듣는 문제로 언쟁을 한 경험이 있고 지금도 하고 있다면 '우리 아이가 귀담아듣기를 하지 못하는 것은 아닌지?' 점검해봐야 한다. 많은 아이가 엄마나 선생님 혹은 친구들의 이야기를 주의깊게 듣지 않고 건성으로 듣고서는 못 들었다고 한다. 엄마 말을 건성으로 듣는다면 학교에 가서도 똑같이 건성으로 들을 것이 뻔하다.

다른 사람이 하는 이야기에 주의를 기울여 귀담아듣는 태도를 길러주어야 한다. 학교에서는 주로 듣기를 통해 수업내용을 파악해야 하기 때문에 귀담아듣는 것이 매우 중요하다. 수업 시간의 60%를 들어서 이해해야 하는데 주의깊게 듣지 않으면 학교생활에 어려움이 있을 수밖에 없다. 듣는 습관은 평생 동안 그대로 지속되므로 학교에 들어가기 전에 듣기의 중요성을 깨우쳐주고 다양한 듣기 경험을 통해 주의깊게 귀담아듣는 태도를 길러주는 것이 필요하다.

귀담아듣기란 상대방이 하는 말에 주의집중해서 듣는 것을 말하는 것으로 상대방이 하는 말뜻을 이해하고 그 말에 적절한 반응을 보이는 것까지를 말한다. 영어로 비유하자면 hearing이 아니라 listening에 해당하는 것이라고 할 수 있다. 엄마는 아이가 귀담아듣는 스타일인지 대충 듣는 스타일인지 관찰해보고 건성으로 듣는 습관이 있다면 귀담아듣는 태도를 길러주어야 한다.

우리 아이는 귀담아듣는 형일까?

우리 아이는 귀담아듣는 습관이 형성되어 있는지 아래의 항목을 잘 읽어보고 체크해보자.

내 용	그렇다	그렇지 않다
1. 어떤 일을 시키려면 여러 번 되풀이해서 말을 해야 한다.		
2. 엄마 말에 "못 들었어요" 라는 말을 자주 한다.		
3. 엄마가 말할 때 딴 생각하는 것처럼 보인 적이 많다.		
4. 유아학교에서 주는 가정통신문을 엄마에게 가져다주는 것을 자주 잊는다.		
5. 다른 사람 이야기는 잘 듣지 않고 자신이 듣고 싶은 이야기만 듣는 것처럼 보일 때가 많다.		
6. 선생님 말씀을 잘 듣지 않는다고 주의를 자주 받는다.		
7. 이름을 불러도 대꾸를 하지 않은 적이 많다.		
8. 한 번 부르면 대답을 안 하고 서너 번 불러야만 대답을 한다.		

결과 보기 '그렇다' 가 6개 이상 – 지금 당장 귀담아듣는 훈련을 해야 한다.
'그렇다' 가 4개 이상 – 좀더 귀담아들으려고 해야 한다.
'그렇다' 가 2개 미만 – 주의를 기울여 듣는 편이다.

말을 잘하려면 상대방이 하는 이야기를 잘 들어야 한다. 잘 들어야 왜 그렇게 생각하는지 물어볼 수 있고, 상대방과 다른 의견도 이야기할 수 있다. 남의 이야기를 잘 듣지 않는 사람과는 좋은 대화를 나눌 수 없다. 건성으로 듣지 않고 주의깊게 듣는 자세가 필요하다.

첫째, 듣기의 필요성을 알게 하는 놀이 - "표정으로 알아맞추기"

엄마와 아이가 마주보고 앉는다. 아이는 귀를 막고 엄마가 표정이나 몸짓만으로 무슨 말을 하려고 하는지 알아맞히는 놀이이다. 이런 놀이를 많이 해보면 듣기의 중요성을 아이 스스로 알게 된다.

둘째, 주의깊게 듣기 놀이 - "들은 책 내용 이야기 해보기"

엄마가 얇고 간단한 내용의 책을 읽어주고 어떤 내용이었는지 말해보게 한다. 주의집중을 해서 듣는 훈련을 시키기 위해서는 아이가 한번도 읽지 않았던 책을 선택하는 것이 바람직하다. 아이가 여러 번 읽어서 내용을 다 알면 주의깊게 듣지 않을 수 있기 때문이다.

셋째, 들은 이야기 전달하기 놀이 - "옛날 옛날에…."

엄마들이 어렸을 때 할머니로부터 전해 들었던 구수한 옛날이야기를 아이에게 들려주자. 아이들은 색다른 이야기라 관심을 가지고 듣게 된다. 예를 들어 구전되어 오는 '된장과 똥 이야기'와 같은 이야기를 들려주면 아이들은 재미있어한다. 그리고 '들은 이야기를 그대로 엄마에게 다시 똑같이 전달해 보기' 놀이를 한다. 주의깊게 듣지 않으면 절대로 그대로 전달할 수 없기 때문에 주의깊게 듣는 훈련에 도움이 된다.

넷째, 끝까지 정확하게 듣기 놀이 - "맨 마지막에 나온 이름 알아맞히기"

듣기에 있어서 '끝까지 정확하게 듣기'는 매우 중요하다. 특히 산만한 아이의 경우 남의 이야기를 끝까지 듣지 못하고 불쑥불쑥 끼어들거나, 자기 관심 밖의 이야기가 나올 때에는 아예 듣지 않고 장난을 치는 경우가 많다. 따라서 재미없는 내용이거나 관심이 없는 내용의 이야기라도 끝까지 듣게 하는 훈련이 필요하다.

엄마가 아이에게 이야기를 시작하면 아이는 엄마의 이야기를 끝까지 다 듣고 맨 마지막에 나온 물건이나 사람 이름을 맞추는 놀이이다. 엄마는 이야기를 꾸밀 때 사람의 이름이나 동물의 이름이 많이 들어가는 문장을 꾸미는 게 포인트이다. 처음에는 한 문제, 두 번째에는 두 문제 식으로 점차 문제 수를 늘려가면 된다. 이기고 싶어서 끝까지 주의를 기울여 듣다보면 끝까지 정확하게 들어야만 하는 이유를 아이 스스로 알게 된다.

귀담아듣기의 대화

엄마 | 다음의 이야기를 잘 듣고 엄마가 내는 문제를 알아맞혀 봐.

아이 | 우아! 재미있겠다.

엄마 | 모두 몇 명이 등장하는지 알아맞히는 것이 첫 번째 게임이고, 맨 마지막에 나온 사람이 누구인지 알아맞히는 게 두 번째 게임이 야. 그리고 세 번째는 민수 엄마가 생일파티에 내놓은 음식이 무 엇인지 알아맞히는 거야. 잘 듣고 맞혀 봐. 지금부터 시작이다.
영희와 철수는 친구야. 그런데 민수라는 친구의 생일파티가 있 어서 생일선물을 사러 둘이서 문방구에 갔어. 영희는 먼저 카드 를 사고 민수의 생일선물로 사인펜 12개 한 세트를 샀어. 철수는 영희가 산 물건을 보고 자기도 카드를 하나 고르고 작은 보드 게임을 하나 샀어. 민수네 집에 갔더니 여러 명의 친구들이 와 있었어. 종희도 있었고 민철이도 왔어. 조금 있으니까 말썽꾸러 기 정호도 왔어. 아이들이 다 오자 민수 엄마는 커다란 케이크와 함께 스파게티를 만들어주셨어. 모두 맛있게 먹고 재미있게 놀 았어.

아이 | 영희, 철수, 민수, 종희, 민철, 정호, 민수 엄마 모두 7명이 나오 고, 맨 마지막에 나온 사람은 민수 엄마예요.

엄마 | 그래, 맞았네. 잘 들었구나. 그럼 영희가 산 민수 선물은 무엇인 지 기억나니?

아이 | 으음… 사인펜이요.

엄마 | 그래 맞았어. 어유, 우리 아이 대단한데. 역시 우리 아이라니 까….

말하기

또박또박 말 잘하는 아이, 학교에 가면 자신감 쑥쑥

수업 시간에 선생님이 '영희야!' 하고 부르면 수줍음 많은 영희는 얼굴이 홍당무처럼 빨개져 우물쭈물 말을 제대로 하지 못해 속상하다. 쉬는 시간에는 재잘재잘 말도 잘하는데 왜 수업 시간에 선생님이 부르시면 입이 얼어붙는 것일까?

자신감이 없어서이다. 자신감이 없는 아이는 특히 여러 사람 앞에서 말을 해야 할 때 긴장해 아무 말 하지 못하고 얼굴만 빨개지거나 말을 더듬는다. 여러 사람 앞에서 자기 생각을 말로 표현하지 못하게 되면 주눅이 들고 위축돼 학교에서의 다양한 활동에 대한 동기가 떨어질 수 있으므로 수줍음이 많고 내성적인 아이라면 평소 집에서 또박또박 자기 생각을 말로 표현하는 연습을 시키는 것이 좋다.

발표 잘 하는 아이로 키운다고 웅변학원에 아이를 보내는 엄마도 있는데 그것은 도움이 되지 않는다고 말해주고 싶다. 웅변학원에서는 복사해 주는 내용을 기계적으로 외워 큰 소리로 말하게 하는데, 그렇게 한다고 해서 발표력이 좋아지는 게 아니기 때문이다. 지금 당장 발표력이 미숙하다 해도 자연스럽게 아이가 자기의 의견을 또박또박 말할 수 있는 기회를 자주 만들어주는 것이 바람직하다.

일단 가족이나 친한 이웃, 친척 등 친한 사람들 앞에서 자기 의견을 이야기할 수 있게 해주는 것이 좋다. 이 때 아이가 흥미를 끌 수 있는 내용이면 더 좋다. 아이와 다양한 말놀이를 하면 여러 사람 앞에서 또박또박 말하는 능력이 좋아진다. 다음과 같은 게임을 활용해 생활 속에서 말하기의 즐거움과 중요성을 가르쳐보자.

또박또박 말 잘하는 아이로 키우는 다섯 가지 놀이학습

첫째, 말하기의 중요성을 알려주는 놀이 - "바디랭귀지 알아맞히기"

우선 엄마가 먼저 아이에게 전달하고 싶은 말을 생각한다. 입을 꼭 다문 채 손짓, 몸짓으로 아이에게 표현한 후 아이는 엄마가 전달하려고 했던 말이 무엇인지 알아맞혀보는 게임이다. 엄마와 아이가 역할을 바꾸어가며 게임을 해보면 말하기의 중요성을 이해하게 된다. 게임이 끝난 다음에는 '사람에게 말이 없었으면 어떻게 되었을까?'를 아이에게 질문해보는 것도 좋다.

둘째, 말하기의 재미를 알려주는 놀이 - "내가 가장 좋아하는 것은…"

'내가 가장 좋아하는 텔레비전 프로그램은? 내가 가장 좋아하는 만화영화는? 내가 가장 좋아하는 음식은? 내가 가장 좋아하는 나라는? 내가 가장 좋아하는…' 식으로 주제를 정해놓고 그 주제에 맞는 내용을 재미있게 꾸며 이야기해 보게 하는 게임이다. 이런 게임을 많이 해본 아이는 자신의 생각을 조리 있게 말할 수 있는 능력이 생긴다. 좋아하는 이유를 처음에는 한 가지만 대다가 점차 두 가지, 세 가지 식으로 늘려나가면 논리적으로 말하는 능력도 생기게 된다.

셋째, 순서를 지켜 말하기 놀이 - "오늘의 주제는…"

남의 이야기는 듣지 않고 자기 혼자서만 이야기를 하거나, 남이 말할 때 불쑥불쑥 끼어드는 사람들이 많다. 이런 사람은 상대방에게 좋은 인상을 주기 어렵다. 상대방의 말이 끝난 다음에 말을 해야 한다는 것을 배우지 못했기 때문이다. 따라서 집에서 놀이 형식으로 연습을 시키면 남의 얘기에 끼어들기 잘하는 아이도 학교에 가서 순서를 지키며 이야기할 수 있다.

우선 엄마, 아빠, 아이 셋(넷)이서 어떤 순서로 말을 할 것인지 먼저 순서를 정한다. 그리고 어떤 주제로 말을 할 것인지 '오늘의 주제'를 정한다. 그리고 정한 순서대로 이야기를 한다. 게임 도중 부모 한 사람이 시간을 오래 끌면서 이야기를 해 과연 아이가 참을성을 가지고 자기 순서를 기다릴 수 있는지 테스트해 본다. 자기 순서를 기다릴 줄 안다면 많은 칭찬을 해주고 더 잘할 수 있다고 격려해주어야 하지만, 기다리지 못하고 자꾸 끼어들고 자기 말만 하려든다면 순서를 지켜 말해야 한다는 것을 알려주어야 한다. 게임이 끝난 후 혼자서 말을 독차지하는 경우와 여러 사람이 순서를 지켜 말하는 경우에 대해서 아이 스스로 느껴볼 수 있게 해주면 더욱 효과적이다.

순서 지켜 말하기의 포인트는 순서를 어기지 않고 기다렸다가 자기 차례가 왔을 때 말하는 것이다. 따라서 순서를 어겼을 때에는 어떻게 할 것인지 벌칙을 미리 정해두는 것이 효과적이다. 예를 들어 다른 사람의 이야기가 다 끝나지 않았는데 도중에 끼어들거나, 똑바로 앉아서 주의깊게 듣지 않을 때에는 나머지 가족들에게 큰 소리로 책 한편 읽어주기와 같은 벌칙을 정해두면 큰 소리로 책을 읽히는 간접효과까지 얻을 수 있다.

넷째, 또렷한 목소리로 분명하게 말하기 놀이 - "우리 집 오늘의 뉴스를 전해 드리겠습니다"

여러 사람 앞에서 말을 할 때에는 다른 사람이 잘 알아들을 수 있도록 또렷한 목소리로 분명하게 말할 줄 알아야 한다. 학교에 들어가 수업 시간에 발표할 때 반 친구들과 담임선생님에게 머뭇거리거나 움츠러들지 않고 자신있게 이야기하기 위해서는 훈련이 필요하다. 뉴스 리포터가 되어보는 역할놀이가 도움이 된다. 뉴스리포터가 되어 뉴스를 진행해보는 게임으로, 이런 게임을 통해 똑바로 서서 큰 소리로 정확하게 말하는 연습을 재미있게 시킬 수 있다. 처음에는 몸을 배배 꼬고 키득거리며 잘하지 못하겠지만 횟수를 더하면서 차츰 재미를 붙여 진지하게 하게 된다.

방법은 다음과 같다. 우선 똑바로 서서 가슴을 쭉 편 상태에서 손은 가볍게 주먹을 쥐어 바지 옆선에 붙이게 하고 시선은 듣는 사람의 눈을 바라보게 한다. 그리고 오늘 하루 있었던 이야기를 뉴스 전달자가 되어 말해보게 하는데, 말을 할 때에는 가능한 한 천천히 한 마디 한마디 분명하게 발음하도록 지도해주는 게 포인트이다. 부모가 먼저 시범을 보여야 아이도 '나도 해보고 싶다'는 생각이 들면서 자발적으로 하게 된다.

'우리 집 오늘의 뉴스' 시범보이기

우리 집 오늘의 뉴스를 전해 드리겠습니다. 오늘 우리 집 딸 영희 어린이가 유치원에서 과학관으로 현장학습을 다녀왔습니다. 영희 어린이는 과학관에서 많은 과학발명품들을 보았고 실제로 실험도 해보는 좋은 시간을 가졌다고 합니다. 오늘 엄마는 영희 어린이가 현장학습에 간 사이 남대문 시장에 가서 영희 어린이에게 필요한 바지와 티셔츠를 사가지고 왔습니다. 오늘 아빠는 회사에서 회식이 있어서 저녁을 드시고 들어오셨습니다. 그래서 영희는 오늘 아빠와 저녁에 놀지 못해 아쉬웠다고 합니다. 내일은 꼭 아빠가 일찍 들어와 영희와 놀아주었으면 좋겠다고 합니다. 우리 집 오늘의 뉴스 마치겠습니다. 내일 뵙겠습니다."

발음하기 어려운 말을 틀리지 않고 빨리 말하는 게임이다. 엄마·아빠가 어렸을 때 많이 하던 말놀이로 아이들도 재미있어한다. 엄마·아빠가 아이가 누가 잘하나 서로 시합을 해보면 재미있게 말놀이를 할 수 있다. 말하는 도중에 틀리거나 멈추면 지게 되는 게임이다.

- 간장 공장 공장장은 공 공장장이냐, 강 공장장이냐?
- 앞마당의 콩깍지는 깐 콩깍지인가, 안 깐 콩깍지인가?
- 저기 가는 상 장수는 정 상 장수이냐, 강 상 장수이냐?

읽기
읽기는 가장 중요한 학습기능

예전에는 한글을 떼지 않고 학교에 들어가는 아이가 한 반에 서너 명 정도 있었지만 요즘에는 거의 없다고 봐야 한다. 한글을 떼지 않고 학교에 들어가는 것은 아이의 학교생활에 바람직하지 않다고 단호하게 말할 수 있다. 모든 아이들은 다 읽고 쓸 줄 아는데 나 혼자만 잘 쓰지 못한다면, 아이들에게는 놀림감이 될 수 있고 선생님에게도 힘든 아이 중 한 명이 될 수 있기 때문이다. 이렇게 되면 아이는 학교에 들어가자마자 주눅이 들어 자신감을 잃게 된다.

3월 한 달 '우리들의 1학년'을 배우고 나면 곧바로 '읽기' 시간에 자음과 모음 알기, 받침 없는 글자, 받침 있는 글자 알기가 나온다. 이 시간이 지나면 바로 문학 부분인 동시가 나오기 때문에 한글을 완전히 떼지 않고 학교에 가면 수업을 따라가기가 버거운 것이 현실이다. 아이가 초등학교 입학할 때가 되면 글자 하나하나에 소리가 나는 것을 알고, 자음과 모음의 차이도 알아야 하며 ㄱ,ㄴ,ㄷ의 순서를 알아야 한다.

소리 내어 읽기 - 발음이 좋아지고 책 속에 집중할 수 있다

학교에 들어가기 바로 전에는 '소리 내어 읽기' 연습을 시키는 것이 좋다. 소리 내어 읽으면 발음이 정확해지고 문맥에 따라 크게 읽거나 멈추거나 할 수 있어 책에 집중하기 쉽다. 또 큰 소리로 읽을 때 자기 자신의 발음을 귀로 들을 수 있기 때문에 두 배의 책읽기 효과도 얻을 수 있다.

소리 내어 읽는 방법은 말하듯이 자연스럽게 읽는 것이다. 소리 내어 읽기를 자주 하다보면 자연스럽게 읽는 속도 또한 빠르지도 느리지도 않게 적당하게 조절할 수 있게 된다. 또 등장인물에 따라 극중 인물에 어울리는 목소리로 읽으면 한층 더 재미있게 읽을 수 있다. 하지만 주의할 점도 있다. 소리 내어 읽기는 아이 입장에서 힘든 일이기 때문에 짧은 시간 동안 지나치게 많이 읽게 하거나 이렇게 저렇게 읽으라고 주문을 많이 하면 읽기를 싫어하게 될 수도 있다. 그렇기 때문에 엄마가 욕심을 부리지 않는 것이 좋다.

소리 내어 읽기가 낱말 단위의 읽기라면 마음속으로 읽기는 의미, 문맥 단위의 읽기라고 할 수 있다. 마음속으로 읽기는 빨리 읽기의 기본이 되는 것으로 초등학교 1학년 때 습관이 되지 않으면 읽는 속도가 늦어질 수밖에 없다. 처음부터 마음속으로 읽기가 잘 되지 않으므로 손가락으로 짚어가며 읽는 연습을 시키면서 점차 마음속으로 읽을 수 있게 하자.

책읽기 능력이 바로 공부하는 능력

대학입시에서 독서와 논술 그리고 심층면접이 강조되면서 책을 좋아하는 아이로 키우는 것이 그 무엇보다도 중요한 시대가 되었다. 논리력과 사고력은 물론이고 창의력을 키우는 데 책읽기보다 더 좋은 교육이 없기 때문이다. 그런데 요즘 초등학생 아이들의 경우 학원을 몇 군데씩 다녀야 하고 틈나면 인터넷게임이나 TV를 보며 스트레스를 풀어야 하기 때문에 책을 읽을 시간이 없다.

공부를 잘하려면 기본적으로 글을 읽고 이해하는 능력이 있어야 한다. 책을 싫어하는 아이가 공부를 잘하기는 어렵다. '책읽기 능력'이 바로 '공부하기 능력'이기 때문이다. 그런데 문제는 아무리 책읽기가 중요하다고 해서 아이에게 강제로 읽게 할 수는 없다는 것이다. 책과 친해지게 만들고 책 읽기를 좋아하는 아이로 만들기 위해서는 엄마의 역할이 매우 중요하다. 아이가 책과 자연스럽게 친해질 수 있는 집안 분위기를 만들어주고, 책을 읽고 난 후 재미있는 경험을 시켜 책읽기의 재미에 빠질 수 있도록 도와주어야 한다.

한글을 일찍 깨치게 한 후 학교에 들어가 받아쓰기 시험 100점을 받게 하고 국어시험을 잘 보게 하겠다는 욕심만 앞세우다보면 즐거운 책읽기가 아닌 지겨운 책읽기가 될 수 있다. '책을 좋아하는 아이로 자라느냐, 책을 싫어하는 아이로 자라느냐'는 취학 전 유아기 때 책읽기에 달려 있다. 생활 속에서 아이의 관심과 호기심 내용을 유심히 관찰한 후 그것과 관련 있는 책을 선택하여 꾸준히 읽게 하면 책 읽는 즐거움을 맛볼 수 있다.

좋은 책이라며 아이에게 책을 사다 안겨주기만 하지는 않았는지? 아이에게 맞지 않은 어려운 책을 읽으라고 강요한 적은 없었는지? 아이에게 책을 읽어주고 아이와 함께 책 내용을 이야기해본 적은 얼마나 있었는지? 곰곰이 생각해보자.

만약 '책읽기=공부'라는 생각을 하고 있다면 지금 당장 그 생각을 버려라. 엄마의 그런 생각이 아이로 하여금 책읽기를 싫어하게 만든다. 아직 준비가 되어 있지 않은 어린아이에게 억지로 책을 읽게 해서도 안 된다. 강요된 책읽기는 책을 싫어하는 아이로 만들 수 있다는 것을 잊지 말자.

읽기 능력을 향상시키는 일곱 가지 놀이학습

읽기는 가장 기본적이면서 가장 중요한 학습기술 중 하나이다. 읽기 능력이 부족하면 모든 학습에 있어서 어려움을 겪을 수밖에 없기 때문에 책읽기를 좋아하는 아이로 키워야 공부 잘하는 아이로 키울 수 있다.

첫째, 아이와 함께 책을 읽자

아이 입장에서 혼자서 책을 읽으면 자기의 감정이나 느낌을 말해볼 사람이 없어 재미가 없다. 하지만 엄마나 아빠와 함께 책을 읽으면 아이는 궁금한 것을 물어볼 수도 있고 재미있다는 마음도 마음껏 표현할 수 있다. 무엇보다도 엄마와 함께 책을 읽을 때 좋은 점은 '내가 엄마에게 사랑받고 있구나' 하는 것을 아이가 느낄 수 있다는 점이다. 아이는 엄마와 함께 책을 읽으며 이야기를 주고받을 수도 있고 서로 교감을 나눌 수 있으며 새로운 내용을 상상하거나 창작할 수도 있어 생각하는 능력도 향상시킬 수 있다. 아무리 바쁘더라도 시간을 내 꼭 아이와 함께 책을 읽자.

둘째, 한글을 읽고 쓸 줄 안다 해도 아이가 원할 때까지는 책을 읽어주자

보통 한글을 깨친 직후인 6~7세경에 책읽기에 흥미를 잃는 경우가 많다. 그 이유는 일단 아이가 한글을 다 떼고 나면 엄마가 책을 읽어주지 않고 아이에게 맡기기 때문이다. 아이 혼자 글자만 떠듬떠듬 읽다 보면 책읽기는 힘들고 재미없는 어려운 일이 되고 만다. 아이가 한글을 다 읽을 줄 안다 해도 계속 책을 읽어주어야 한다. 어린 시절 엄마 아빠가 읽어주는 이야기를 들으며 아이들은 책 속에 재미있는 이야기가 들어 있다는 사실을 알게 된다. 만약 엄마 아빠가 모두 일을 하기 때문에 너무 바빠 시간을 낼 수 없다면 차선책으로 책 내용을 녹음해 놓은 테이프라도 듣게 해주는 것이 좋다.

셋째, 취학 전 유아기 때에는 그림동화책을 읽게 하자

글자 없는 그림동화는 끝없는 상상의 날개를 펼 수 있게 하기 때문에 특히 취학 전 유아들에게 좋은 책이다. 그림동화책은 줄거리가 고정되어 있지 않아 지은이의 의도나 생각과는 관계없이 자기 자신의 눈으로 그림동화를 보기 때문에 상상력과 창의력을 키우는 데 도움이 된다. 특히 글자 없는 그림동화책의 경우 말 그대로 그림으로만 엮어져 있기 때문에 그림 장면장면을 넘기면서 아이는 자신의 생각 속에 빠질 수 있다. 아이의 이야기를 듣고 공감해주면 아이는 책읽기의 즐거움을 느낄 수 있다.

넷째, 새로운 책을 읽으라고 강요하지 말자

많은 아이가 읽던 책을 읽고 또 읽곤 한다. 이때 엄마는 읽던 책은 그만 읽고 새로운 책을 읽었으면 하는 생각에 다른 책 좀 읽으라고 재촉하게 된다. 하지만 엄마 마음대로 새로운 책을 읽으라고 강요하지는 말자. 몇 번이나 읽어 내용을 다 외우고 있다 해도 아이는 자신이 재미있게 본 책에 대해 애착을 갖고 있고, 아직도 그 책의 그림이나 내용에 상상의 여지가 남아 있기 때문에 또 읽으려고 하는 것이다. 아이 스스로 다른 책을 읽겠다고 할 때까지 기다려주

자. 그렇지 않으면 다른 책으로 호기심과 관심을 자연스럽게 돌릴 수 있는 방법을 찾자.

다섯째, 꼼꼼하게 읽게 하지 말고 대충 여러 번 읽게 하자

많은 엄마가 책 한 권을 꼼꼼하게 읽으라고 한다. 하지만 그것은 좋은 읽기 방법은 아니다. '한 번 읽는 것보다 대충 여러 번 읽는 것'이 훨씬 더 효과적이다. 먼저 제목, 목차, 소제목을 훑어보아 머릿속에 전체적인 큰 틀을 넣어놓고 그 속에 세세한 내용들을 채워넣는 방법이다. 이런 책읽기 방법이 몸에 배이면 암기과목의 시험공부를 할 때도 도움이 된다.

여섯째, 책을 읽은 후 내용을 이해했는지 물어보거나 줄거리를 말해보라고 강요하지 말자

우리가 책을 읽는 것은 지식을 얻기 위한 목적도 있지만 책 속에서 다른 사람들의 경험을 나누고 새로운 시각으로 삶을 바라보는 지혜를 얻기 위해서이기도 하다. 그런데 아이에게만은 유독 지식을 넓혔으면 하는 바람에서 무조건 많이 읽히고 싶어진다. 책읽기를 또 하나의 공부 영역 속에 넣기 때문이다. 이런 엄마는 아이가 책을 읽은 다음에 줄거리를 물어보거나 퀴즈 문답식으로 질문해 책 내용을 얼마나 이해했는지 확인하려 들고, 독후감이나 독서 감상문을 쓰라고 강요한다. 이렇게 되면 더 이상 책읽기가 즐거운 일이 될 수 없다.

물론 책을 많이 읽지 않으면 중·고등학교에 올라가 나아가 대학입시에서 엄청난 부담으로 작용하기 때문에 미리미리 많은 책을 읽혀야만 한다는 생각은 옳다. 하지만 공부 목적 때문에 책 읽는 기쁨을 빼앗아버리면 아예 책을 덮어버릴 수도 있다는 사실도 기억해야 한다. 취학 전 어린 아이들에게는 줄거리가 무엇인지 내용은 어느 정도 파악했는지 확인하려들지 말자. 아이가 책을 가지고 노는 것, 책을 읽는 것, 책을 좋아하는 것 그 자체를 칭찬해주어야 한다.

일곱째, 자주 서점이나 도서관에 아이를 데리고 다니자

정기적으로 도서관을 방문해 책을 빌리고 책을 고르는 모습을 보여주자. 또 서점에 데리고 가 책을 사주자. 이런 활동이 자연스럽게 아이와 책을 친해지게 만든다. 찾아보면 취학 전 유아 및 어린이들을 위해 아기자기하게 인테리어를 꾸며놓고 놀이시설도 갖추고 있는 어린이 도서관이 많다. 이런 곳을 활용해 아이들과 즐거운 책읽기 나들이를 자주 한다면 아이는 책과 친해져 책읽기를 좋아하는 아이로 키울 수 있을 것이다.

쓰기
한글 자모음 순서를 익히게 하자

한글을 떠듬떠듬 읽고 쓰기를 힘들어한다면 학교에 들어가 공부하는 데 자신감을 갖기 어렵다. 초등학교에 들어가 공부에 자신감을 갖기 위해서는 늦어도 초등학교 입학 전에는 한글을 완전히 떼야 한다. 한글을 잘 쓸 줄 모른다고 조급한 마음에 초등학교 1학년 국어 교과서를 사다가 미리 가르치는 엄마도 있는데 그것은 바람직하지 않다. 학교에 들어가 배울 것을 미리 배우고 가면 이미 한번 해본 것이어서 학교수업에 흥미가 떨어져 수업 시간이 재미 없다.

아직 아이가 어리다면 아이가 글자에 관심을 가지고 질문하기 시작할 때 그 때를 놓치지 말자. 개인차가 있지만 보통 만 3, 4세가 되면 아이들이 글자에 관심을 나타내므로 이때 한글과 친해질 수 있도록 해주면 자연스럽게 한글을 가르칠 수 있다.

취학을 몇 달 앞둔 아이에게는 글자의 형성 원리를 직접 가르쳐 빨리 글자를 해독할 수 있게 하는 방법이 좋다. 먼저 바둑판 공책과 진한 연필을 준비해 공책에 예쁘게 이름을 써준 후, 날짜와 요일을 기록하면서 매일 규칙적으로 글자 쓰기를 하게 하는 것이다.

글자 쓰기는 '가 거 고 구 그 기' 처럼 간단한 자음과 모음이 결합된 글자부터 연습한다. 첫날 아이가 보는 앞에서 '가 거 고 구 그 기'를 천천히 써주고 소리내어 읽어준 후, 한두 번씩 따라 쓰게 한다. 다음에는 '나 너 노 누 느 니'를 써주고 같은 방법으로 한두 번 씩 쓰게 하고 소리 내어 읽게 한다. 이렇게 매일매일 쓰기를 하면 반복 효과가 있어 쉽게 배우고 새로 배우는 글자들에 대해 규칙성 도 파악하게 된다. 그 다음 '가나다라마바사아자차카타파하'와 같 은 열네 글자를 'ㅏ' 모음부터 'ㅓ ㅗ ㅜ ㅡ ㅣ' 등의 모음 순으로 결합시켜 매일 한 줄씩 상단에 써주고, 같은 방법으로 서너 번씩 쓰 고 읽게 하면 어렵지 않게 한글을 떼게 할 수 있다.

쓰기를 가르칠 때 중요한 것을 대충 아무렇게나 쓰는 것이 아니 라 반드시 필순에 맞게 써야 한다는 점을 아이에게 가르쳐주어야 나중에 잘못된 획순 때문에 고생하지 않는다.

글자 쓰기는 쉬운 책 읽기와 함께 병행할 때 더욱 효과적이다. 아 이들이 어렸을 때 좋아했던 얇은 동화책이나 쉽고 간단한 문장이 있는 책을 읽게 하자. 아이들이 여러 번 읽어 내용을 이미 아는 것 이기 때문에 글자 읽기 연습에만 몰두할 수 있다. 쉬운 책은 어려운 받침이나 복잡한 문장이 없어 아이 혼자 힘으로도 충분히 읽으면서 글자를 해독해내는 뿌듯함을 느낄 수 있다. 매일 꾸준히 읽으면 자 신감이 붙고, 읽는 속도 또한 조금씩 빨라진다. 아이가 책 읽는 재 미를 느끼기 시작하면 차츰 글자가 많은 책을 읽게 해야 하는데 욕 심을 부려서는 안 된다. 쉽고 짧은 책을 충분히 읽게 한 후 좀더 길 고 복잡한 문장이 들어 있는 책을 읽도록 해야 한다.

한글 자모의 수는 스물네 자이고, 그 순서와 이름을 알아야 한다

ㄱ(기역)　ㄴ(니은)　ㄷ(디귿)　ㄹ(리을)

ㅁ(미음)　ㅂ(비읍)　ㅅ(시옷)　ㅇ(이응)

ㅈ(지읒)　ㅊ(치읓)　ㅋ(키읔)　ㅌ(티읕)

ㅍ(피읖)　ㅎ(히읗)

ㅏ(아)　　ㅑ(야)　　ㅓ(어)　　ㅕ(여)

ㅗ(오)　　ㅛ(요)　　ㅜ(우)　　ㅠ(유)

ㅡ(으)　　ㅣ(이)

위의 자모로써 적을 수 없는 소리는 두 개 이상의 자모를 어울려 쓰는데
그 순서와 이름은 다음과 같다.

ㄲ(쌍기역) ㄸ(쌍디귿) ㅃ(쌍비읍) ㅆ(쌍시옷) ㅉ(쌍지읒)

ㅐ(애) ㅒ(얘) ㅔ(에)

ㅖ(예) ㅘ(와) ㅙ(왜) ㅚ(외)

ㅝ(워) ㅞ(웨) ㅟ(위) ㅢ(의)

사전에 올릴 때 자모 순서는 다음과 같다.

자음 ㄱ ㄲ ㄴ ㄷ ㄸ ㄹ ㅁ ㅂ ㅃ ㅅ ㅆ ㅇ ㅈ ㅉ ㅊ ㅋ ㅌ ㅍ ㅎ

모음 ㅏ ㅐ ㅑ ㅒ ㅓ ㅔ ㅕ ㅖ ㅗ ㅘ ㅙ ㅚ ㅛ ㅜ ㅝ ㅞ ㅟ ㅠ ㅡ ㅢ ㅣ

연필잡기, 처음에 제대로 가르쳐야 한다

글씨 쓰기는 국어 교육의 기초이자 모든 학습의 시작이기 때문에

초등학교 1학년 때에는 글씨를 쓰는 자세, 연필을 잡는 법, 획순에 맞게 글자쓰기와 같은 기초적인 쓰기 기능이 완성되어야 한다. 컴퓨터 자판으로 치면 되는데 왜 손으로 글씨를 쓰라고 하는지 이해하지 못하겠다고 불만을 토로하는 엄마도 있다. 하지만 글씨 쓰기를 우습게 생각했다가는 나중에 가서 후회하게 된다. 특히 남자 아이들 중에는 자기 글씨를 자기가 알아보지 못해 수학 문제를 풀 때 틀리기도 하고 글씨가 너무 엉망이어서 공책검사에서 늘 좋지 않은 점수를 받는 아이들이 많기 때문이다.

요즘 많은 아이들이 해독이 불가능할 정도로 글씨를 날려 쓰고 있다. 글씨를 잘 써야 한다고 아무리 이야기를 해도 아이들에게 그 말은 먹혀들지 않는다. 컴퓨터 자판으로 친 후 프린트해서 내면 되는데, 뭐하러 힘들게 손으로 써야 하느냐고 되묻는다. 이런 아이들은 오타 없이 빨리 자판을 치는 것을 자랑스럽게 여기지만 손으로 글씨 쓰는 것은 싫어하고 글씨를 못쓰는 것도 별로 부끄럽게 생각하지 않는다. 이런 생각들을 갖고 있다보니 많은 초등학생들이 글씨는 대충대충 쓰고, 연필 쥐는 방법도 글씨 쓰는 필순도 자기 마음대로이다. 이러니 글씨는 엉망이고 글자 크기도 일정하지 않고 제각각일 수밖에 없다.

"많은 학생들이 취학 전에 글씨를 배워서 오지만, 80~90%는 엉터리로 배워와 글씨 쓰기 지도에 애를 먹는다. 반 아이들 가운데 4분의 1 정도는 필순을 모르거나 헷갈려하며, 연필 쥐는 방법을 모르는 아이들도 많다"고 이야기하는 일선 교사들의 이야기에 귀 기울여야 한다. 글자 익히기에는 관심을 두지만 글씨 쓰기에 대해서는 무관심한 편이어서 신경을 별로 쓰지 않는 엄마가 많다. 게다가 초등학교 1학년 때에야 기껏해야 알림장 정도 적어오는 정도인데 굳이 힘들게 연필잡기를 다시 가르쳐야 하는지 의문스러워하는 엄마도 있다. 하지만 연필을 제대로 잡지 않으면 훗날 아이가 중학교, 고등학교에 올라가 필기를 하거나 선생님 설명을 빨리 받아 적을 때 문제가 생길 수 있다.

연필을 제대로 잡지 못하면 글씨 쓰는 속도가 느리고 글자 모양이 반듯하지 않다. 더욱이 쓰는 것 자체를 힘들어하기 때문에 학년이 올라갈수록 쓰기 자체를 점점 더 싫어하게 된다. 글씨 쓰기를 싫어하면 어떤 공부든 제대로 할 수 없다. 따라서 처음 연필을 잡을 때 제대로 가르쳐야 한다. 잘못된 습관이 손에 배면 정말로 고치기 어렵다.

또 취학 전 아이나 초등학교 1, 2학년 아이들에게는 샤프펜슬을 사용하게 하지 말자. 글씨를 쓸 때 손에 힘을 꽉 주어야 하는데 샤프펜슬은 심이 부러져 좋지 않다. 처음 글씨 쓰기를 연습할 때에는 연필을 사용하도록 해야 한다.

연필도 진한 연필심을 사용하도록 해주어야 한다. 흐린 연필심은 심 자체가 단단해 글씨 쓰기가 어렵고 색깔도 선명하지 못해 눈에 잘 들어오지 않는다. 처음 글자를 쓸 때에는 진하고 무른 연필심을 사용하도록 해 주어야 글씨 쓰는 것을 덜 힘들어한다. 연필 모양도 예쁜 것만 찾지 말고, 손으로 쥐었을 때 불편하지 않은 연필을 선택해야 한다. 둥근 연필, 사각 연필은 연필을 잡을 때 손이 미끄러지기 쉽고, 너무 가느다란 연필은 연필을 제대로 잡을 수 없다. 보통 굵기의 육각형인 HB 연필이 가장 무난하지만, 손힘이 적어 쓰기 어려워하는 아이에게는 심이 물러 쓰기 쉬운 B, 2B연필이 적당하다. (단단한 연필: H, 2H, 3H - 번호가 클수록 단단함. 보통 연필: HB - 보통 흔히 쓰는 연필로 단단하기와 무르기가 알맞다.)

네모칸 공책에 필순에 맞게 쓰는 연습도 필요하다

정확하게 철자법에 맞게 글자를 쓸 줄 아는 것은 학업성취에 매우 중요한 일이다. 특히 요즘과 같이 자신의 생각이나 느낌을 글로 표현하는 능력이 필요한 시대에는 더욱더 그렇다. 새내기 초등학교 1학년의 경우 정확한 철자법과 띄어쓰기까지 모두 다 익혀 학교에 들어갈 필요는 없지만 처음 한글을 쓰기 시작할 때 필순에 맞게 쓰도록 가르치는 것은 매우 중요하다. 많은 아이들이 'ㅁ'을 쓸 때 네모처럼 그냥 쓰는 경우가 많다. 처음부터 필순에 맞게 쓰도록 가르치지 않으면 나중에 가서 후회하게 된다.

하지만 모든 아이들이 글씨 쓰기까지 배우고 갈 필요는 없다. 학교 분위기에 따라 다르기 때문에 판단을 내리는 것은 엄마 몫이다. 한글을 다 떼 맞춤법과 띄어쓰기까지 잘 하는 아이들이 모여 있는 학교라면 어느 정도는 그 아이들과 수준을 맞추어야 낭패 보는 일이 없다. 3월 한 달이 지난 후 곧바로 문장 받아쓰기 시험을 보고,

올바른 연필잡기 - 세 손가락 모아잡기

1. 연필을 검지손가락과 가운데손가락 사이에 살짝 끼워 엄지로 덮어 누르고 계란을 살며시 쥐듯 주먹을 쥐고 연필을 그 가운데에 고정시킨다.
2. 연필대는 엄지손가락과 검지손가락 사이에 끼지 말고 검지손가락의 첫째 마디에 닿도록 한다.
3. 연필대를 너무 세우거나 너무 낮춰 잡으면 연필심이 보이지 않아 자연히 상체와 고개를 왼쪽으로 기울이게 되므로 연필과 지면의 각도는 약 60도 정도 되게 유지한다. 많은 아이가 연필대를 너무 세워서 쓰므로 주의시킨다.
4. 연필대의 끝을 오른쪽 귀 옆쪽을 향하게 한다.
5. 약지, 새끼손가락은 차례대로 구부린 채 가운데손가락을 받쳐준다.
6. 만약 정확하게 잡지 못할 때에는 문방구에서 파는 보조기구를 이용하는 것도 좋은 방법이다.

글씨 쓸 때의 바른 자세

의자에 앉을 때에는 항상 바른 자세로 앉도록 처음부터 잘 가르쳐야 한다. 엉덩이가 의자 맨 뒤까지 닿도록 앉고 윗몸은 약간 앞으로 기울이지만 허리를 곧게 편다. 고개는 공책과 눈 사이의 거리가 30cm 정도 되도록 알맞게 숙이고, 왼쪽 팔꿈치는 책상 위에 올라오지 않게 하고, 팔꿈치와 손목의 중간 부분이 책상 모서리에 닿게 한다. 오른쪽 팔꿈치도 책상 위에 올려놓지 않는다.

1학년 때 경필쓰기 대회를 여는 학교도 있기 때문이다. 이런 학교에 입학할 아이라면 일곱 살 겨울방학 때 바둑판 공책을 사다가 필순에 맞게 글씨 쓰는 연습을 시키는 것이 좋다. 다른 아이와 비교해 현저하게 글씨 쓰는 능력이 떨어지면 자신감을 잃을 수 있으므로 아이가 배정받을 초등학교의 선배 엄마로부터 경험담을 듣고 학교 분위기에 맞춰 준비시키는 것이 바람직하다.

처음 쓰기를 시작할 때 한자 한자 정성스럽게 글씨를 쓰는 습관을 들여야 한다. 필순에 맞지 않고 글자가 삐뚤빼뚤하고 크기가 일정하지 않다면 한자 한자를 천천히 바르게 쓰도록 시키고, 정해진 줄을 잘 맞추어 행과 행 사이를 고르게 띄어 쓰는 연습도 시켜야 한다. 1학년 때 바르게 글씨 쓰는 것이 습관이 되지 않으면 고학년이 되거나 중학생이 되어 크게 후회하게 된다. 실제로 서술형이나 주관식 시험을 볼 때 글씨가 엉망이어서 채점자가 제대로 읽지 못해 알고도 틀리는 사례가 많다.

집에서 엄마와 함께 맞춤법과 띄어쓰기 그리고 경필쓰기를 연습시키는 방법은 다음과 같다.

첫째, 손가락으로 써보며 책 읽기

책을 읽을 때 손가락으로 글자를 짚어가며 읽게 한다. 읽는 도중 중모음, 겹받침 등 어렵고 익숙하지 않은 철자가 나올 때에는 그 때마다 손가락 끝으로 써보게 하는 방법이다.

연필을 가지고 쓰는 것이 아니라 손가락 끝으로 써보는 것이기 때문에 쓰기에 거부감을 일으키지는 않는다.

둘째, 연필 뒤끝으로 써가며 책읽기

연필 꼭지가 책을 향하도록 연필을 거꾸로 잡고 글자를 하나하나 짚어가며 읽게 한다. 이 때에도 읽는 도중 어려운 글자나 잘 모르는 글자가 나오면 연필 뒤끝으로 써보게 한다.

셋째, 흐린 글씨 위에 덧붙여 써보는 덮어쓰기

흐리게 글씨가 써 있는 것에 덧붙여 글자 쓰기 연습을 해보는 것(덮어쓰기)도 글씨를 연습하는 데 도움이 된다. 어떤 글자를 처음 쓸 때의 부담감을 덜어줄 수 있고 쉽게 따라 쓸 수 있다. 동시에 필순이나 글자 크기, 모양 등을 인식할 수 있어 도움이 된다.

넷째, 네모 칸 공책에 글자를 써보기

1, 2학년 때에는 학교에서 경필쓰기를 한다. 경필쓰기란 +자형의 점선이 그려져 있는 네모 칸에 알맞은 위치에 알맞은 크기로 글자를 쓰는 것이다. 경필쓰기 연습을 하면 바른 글씨체가 형성되기 때문에 아이가 재미없어 하더라도 1학년 때에는 반드시 많은 연습을 시키는 것이 바람직하다.

다섯째, 책 위에 트레이싱 페이퍼를 붙이고 모르는 글자 써보기

투명한 기름종이인 트레이싱 페이퍼를 책 위에 적당한 크기로 자른 뒤 움직이지 않게 테이프로 고정시킨 후에 책을 읽게 한다. 읽다가 익숙하지 않은 글자나 쉽게 쓸 수 없는 어려운 글자가 나오면 트레이싱 페이퍼 위에 연필로 직접 써 보게 한다. 읽기가 다 끝난 다음에는 트레이싱 페이퍼를 뜯어내고 그 위에 적힌 낱말이나 글자만 네모 칸 공책에 다시 쓰게 하면 아이가 잘 모르는 글자가 무엇인지 알 수 있고 그 글자만 따로 쓰는 연습을 시킬 수 있다.

낱말이나 문장을 받아쓸 줄 알게 하자

받아쓰기는 소리와 글자, 의미와 글자를 생각하여 글자를 정확하게 쓰도록 하는 것이다. 초등학교에 입학할 때에는 2단계 중급 수준 정도만 되면 학교에 들어가 받아쓰기를 할 때 자신감을 가지고 공부할 수 있다.

1단계 수준: 들려주는 낱말을 정확하게 쓸 뿐만 아니라 문장의 부호나 띄어쓰기도 함께 쓸 수 있다.
2단계 수준: 들려주는 낱말이나 문장을 정확하게 받아쓸 수 있다.
3단계 수준: 들려주는 낱말을 소리 나는 대로 쓸 수 있다.

초등학교 입학 전에 2단계 정도의 받아쓰기를 할 수 있다면 충분히 학교에 들어가 자신 있게 생활할 수 있다. 받아쓰기를 잘 하려면 물론 맞춤법도 정확하게 알고 있어야 하지만 주의를 기울여 듣는 태도도 필요하다. 잘 듣지 못하면 아무리 맞춤법을 정확히 알고 있어도 틀리기 쉽기 때문이다.

글씨 쓰기와 친해지는 일곱 가지 놀이학습

쓰기를 어려워하고 싫어하는 아이 중에는 너무 일찍 글씨 쓰기를 시작해 쓰기에 질린 아이들이 적지 않다. 글씨 쓰기가 중요하다고 해서 어린아이에게 일찍부터 글씨를 쓰게 해서는 안 되는 이유가 여기에 있는 것이다. 연필을 잡고 자신이 원하는 방향으로 선을 긋는 쓰기 활동을 할 수 있는 나이가 만 5세 정도이므로 그 때까지는 참고 기다려주어야 한다. 먼저 놀이방식으로 한글쓰기와 친숙하게 해주고 손목에 힘이 생긴 후 바르게 연필 잡는 방법부터 가르쳐야 한다. 글씨쓰기는 손과 눈의 협응이 되어야 하므로 소근육을 발달시키는 손조작놀이를 많이 하면 손과 손가락을 자유자재로 쓸 수 있어 글씨를 쓸 때 도움이 된다.

첫째, 글자 따라 걷기 놀이

전지 크기의 마분지를 사다가 가나다라 글씨를 쓰고 정확하게 쓰는 순서대로 붉은색으로 화살표로 표시를 한다. 그리고 노래에 맞게 리듬을 타고 화살표 방향으로 걷기 게임을 한다. 이런 게임을 많이 하면 한글의 필순을 재미있게 배울 수 있다.

둘째, 같은 글자 찾기 놀이

문자해독능력은 변별능력이라고도 할 수 있다. '가' 와 '거' '나' 와 '너' '다' 와 '더' 가 다르게 생겼다는 것을 알고 찾아낼 수 있어야 한다. 같은 글자 찾기 놀이는 문자변별능력을 높이는 활동으로 아이가 놀면서 재미있게 글자를 알아갈 수 있다.

마분지를 3×4cm 크기로 잘라 두 세트의 낱말 카드를 만든다. 그리고 똑같은 글자 카드를 두 장씩 만든다. 글자가 안 보이도록 카드를 뒤집어 놓고 아이와 함께 차례로 두 장씩 뒤집어 같은 글자가 나오면 자기가 갖고 다른 글자가 나오면 다시 안 보이게 제자리에 뒤집어 놓는다. 이렇게 게임을 하다가 같은 글자를 모두 가져가 카드를 많이 가져간 사람이 이기는 게임이다. 한 번 본 카드의 글자를 잘 기억해야 게임에 이길 수 있으므로 기억력 발달은 물론이고 반복 읽기에도 도움이 된다.

셋째, 물건에 이름표 달기

집에 있는 모든 물건에 이름표 달아주기 놀이를 해보자. 마분지를 사다가 3×4cm 정도의 카드를 만들고 아이에게 직접 글씨를 쓰고 꾸미게 한 후 가구며 생활용품 등 모든 물건에 이름표를 달아주는 것이다. 글씨 쓰는 연습도 시키고 놀이도 할 수 있다.

넷째, 손으로 직접 조작하는 장난감 놀이

장난감 중에는 돌리기, 누르기, 빼기, 흔들기 등 다양한 조작을 통해 손목을 자유롭게 움직일 수 있는 장난감이 있다. 어릴 때부터 이러한 장난감을 가지고 놀게 하면 손가락 힘을 길러 줄 수 있다. 또 눈과 손의 협응력이 발달하므로 물건을 다른 물건 위에 포개 쌓거나 구멍에 모양을 맞추어 넣는 놀이를 자주 시키는 것이 손의 미세 근육을 발달시키는데 도움이 된다.

다섯째, 신문 찢기 놀이

신문지를 손이나 발로 마음껏 찢도록 하는 놀이다. 양손으로 신문지를 잡고 찢으면서 손가락과 손목을 골고루 사용할 수 있어 소근육을 발달시킬 수 있으면서 동시에 스트레스도 해소할 수 있는 놀이이다.

여섯째, 색연필이나 크레파스로 맘껏 낙서하기

색연필이나 크레파스로 맘껏 그리고 색칠하면서 놀게 하자. 처음에는 자기 마음대로 놀다가 다음에는 먼저 엄마가 선을 그어 주고 아이가 따라해 보게 한다. 줄긋기를 재미있게 하기 위해서는 연필, 크레파스, 색연필 등 다양한 도구를 준비하고 비교적 넓은 낙서 공간을 만들어 주는 것이 좋다. 자기 마음대로 실컷 줄을 긋고 그림을 그리게 해주면 성취감을 느껴 글씨 쓰기에 자신감을 갖게 된다.

일곱째, 기타 소근육 활동

소근육을 발달시키려면 손가락을 각각 독립적으로 사용할 수 있도

록 훈련이 필요한데, 양말을 신고 벗는 활동, 옷의 지퍼나 가방의
지퍼를 열고 닫는 활동 등이 도움이 된다. 컵 속에 수건 넣고 빼기,
찰흙놀이, 손가락그림 그리기, 원 그리기, 점 잇기, 자로 줄긋기, 공
기놀이 등도 도움이 되는 활동이다.

4 수학은 이렇게 준비시키자

제7차 교육과정에서는 원리와 과정을 중요시한다

"수학이 제일 싫어요" "수학은 너무 어려워요"라고 말하는 아이들
이 많다. 심지어 아직 초등학교에도 들어가지 않은 유아도 "수학은
재미없고 어려워서 싫다"고 말한다. 어렸을 때부터 지나치게 많은
문제를 지겹도록 많이 풀게 하기 때문이다.

수학은 수학적인 지식과 기능을 활용해 여러 가지 문제를 해결
하는 능력과 태도를 배우기 위해 공부하는 과목이다. 따라서 수학
을 잘하려면 생활 주변에서 일어나는 여러 가지 문제를 수학적으로
관찰·분석·조직·사고하는 능력을 길러야만 한다. 또한 어렵고
힘들어도 '주어진 문제를 꼭 풀고야 말겠다'는 인내와 끈기도 필요

하다. 그러기 위해서는 취학 전 유아기 때부터 즐거운 놀이로 생활 속에서 자연스럽게 수학을 배울 수 있도록 해야 한다.

수 개념조차 제대로 성립되지 않은 아이에게 성급하게 덧셈과 뺄셈을 가르치고 구구단을 외우게 하는 것은 이가 막 난 아이에게 고기를 씹으라고 하는 것과 같은 말이다. 문제만 많이 풀게 하면 수학을 싫어하는 아이가 될 수 있다는 점 잊어서는 안된다. 아이들이 초등학교에서 배우는 수학의 내용은 대부분 실생활을 기본으로 해서 되어 있고 실생활의 문제를 해결하는 데 도움을 주도록 구성되어 있어 실생활을 떠나서는 생각할 수 없다. 초등학교 수학은 크게 6가지 영역으로 나누어져 있다. 1학년 1학기 수학과정은 다음과 같다.

첫째, 수와 연산

- 50까지 수 개념을 이해하여 익숙하게 세고 숫자로 읽고 쓸 수 있어야 한다.
- 50까지의 수의 범위에서 수의 순서쌍을 이해하고 수의 크기를 비교할 줄 알아야 한다.
- 0의 개념과 십진법의 기초 개념을 이해한다.
- 9 이하의 수에 대한 수 개념을 바탕으로 하나의 수를 둘 또는 셋으로 나누거나 하나로 합칠 수 있어야 한다.
- 한 자리 수의 덧셈과 뺄셈을 익숙하게 할 줄 알고, 생활 속에서 덧셈과 뺄셈이 관련된 문제 상황을 여러 가지로 해결할 줄 알아야 한다.

●여러 가지 물건을 관찰하여 직육면체, 원기둥, 구의 모양을 찾는
활동을 통해 입체도형에 대한 감각을 익힌다.

●사물의 길이, 깊이, 무게, 넓이를 비교하여 '길다' '짧다' '많다'
'적다' '깊다' '얕다' '무겁다' '가볍다' '넓다' '좁다'의 말을
사용하여 구별할 줄 안다. 생활 속에서 양의 크기를 비교하고 양
의 순서대로 늘어놓을 수 있다.

●사물이나 사물을 미리 정해 놓은 기준에 따라 분류하여 개수를
셀 줄 알아야 한다.

●생활 주변에 있는 여러 가지 무늬에서 규칙을 찾아 설명할 수 있
어야 한다.

수 개념이 가장 중요하다

수는 일종의 추상적인 기호라고 할 수 있다. 사탕 2개, 초콜릿 3개
가 있다고 할 때 아이들이 눈으로 보고 손으로 만져볼 수 있는 것은

사탕과 초콜릿이지 2, 3이라는 숫자가 아니다. 아이들이 수를 어렵게 생각하는 것은 바로 이 때문이다. 볼 수 없고 만질 수 없는 것을 머릿속으로만 생각해야 한다는 것이다.

수 개념이란 수 밑바닥에 깔려 있는 의미를 말하는 것으로써 수 세기, 순서, 시간, 거리, 양과 관련된 개념을 말한다. 따라서 수학을 잘하려면 기본적으로 수가 무엇인지, 수에는 어떤 의미가 있는지 아이의 머리 속에 먼저 이해되어 있어야 한다. 다시 말해 수 개념이 머릿속에 서 있어야 한다는 것이다.

취학 전 어린아이들도 수를 읽을 수 있고 셀 수도 있으며 간단한 덧셈 뺄셈도 할 수 있다. 하지만 그렇다고 해서 모두 수에 깔려 있는 의미까지 다 알고 있다는 말은 아니다. 우리가 흔히 1부터 10까지 또는 100까지를 줄줄 읽고 셀 수 있다고 해서 수 개념이 완전히 서 있다고 볼 수 없다. 단지 수만 외우고 있는 아이들도 많기 때문이다. 수 개념을 안다고 하는 것은 2보다 4가 더 큰 수라는 것을 알아 양의 크기를 비교할 수 있어야 한다.

수 개념이 서 있다는 것은 '수의 모양이나 크기가 변해도 그 양은 변하지 않는다' 는 수의 보존 개념이 서 있다는 것과 같다. 아이가 수를 셀 줄 알고 더하기 빼기를 할 줄 안다고 해도 수의 보존개념이 형성되어 있지 않으면 수 개념이 서 있다고 할 수 없다.

피아제의 이론에 따르면 아이들은 직관적 사고기인 4~7세 때 논리적인 관계를 이해하기 시작하고, 수의 개념을 사용하기 시작하며, 수의 보존성의 원리를 어렴풋이 이해하기 시작한다. 피아제는

4살짜리 어린이들에게 물체의 드러나는 모습이 바뀌어도 정해진 양과 질은 바뀌지 않고 그대로 남아있는 것을 알 수 있는 '보존' 실험을 했다.

교사가 8개의 구슬을 일렬로 늘어놓으면 같은 수만큼 4살 어린이도 구슬을 늘어놓을 수 있다. 그러나 구슬을 흩어 놓으면 아이는 자기가 교사보다 더 많은 구슬을 가지고 있다고 생각한다는 것이다.

크기와 모양이 변해도 그 수 자체는 변하지 않는다는 수의 보존개념은 6, 7세가 되어야만 형성되고, 길이의 보존개념은 7, 8세가 되어야 형성되므로 그 때가 바로 수 개념을 학습할 수 있는 시기라는 것이 피아제 이론이다. 아무리 많은 수학을 공부시켜도 보존개념이 먼저 형성되어 있지 않다면 소용없다는 이야기다.

수의 보존개념은 논리적 사고력의 중요한 형태로 다른 인지활동에도 매우 중요한 역할을 하기 때문에 수의 보존개념을 형성하는 것이 무엇보다도 중요하다. 그렇다면 우리 아이는 수의 보존 개념이 형성되어 있을까? 아래의 실험을 통해 알아보자.

수의 보존개념 알아보기 실험 1 – 어떤 컵에 우유가 더 많이 들었을까?

용량은 같지만 모양이 다른 두 개의 컵을 준비한다. 하나는 긴 컵, 하나는 얕고 넓은 컵을 준비한다. 200ml 우유를 2개 준비해서 각각의 컵에 따른다. 그리고 아이에게 어떤 컵에 들어 있는 우유의 양이 많은지 물어보고 선택하게 한다.

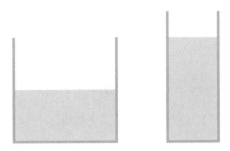

이 때 두 컵의 우유가 같은 양이라는 것을 아는 아이는 수의 보존
개념이 형성되어 있는 아이지만, 긴 컵에 들어 있는 우유가 양이 많
다고 선택한 아이는 아직 수의 보존개념이 덜 형성된 아이다.

수의 보존개념 알아보기 실험 2 - 어떤 바둑돌이 더 많을까?

바둑알 검은색 20개, 흰색 20개를 준비하고 아이에게 검은색 바둑
알은 10개씩 두 줄로, 흰색은 5개씩 4줄로 예쁘게 배열하도록 시킨
다. 그리고 어떤 바둑돌이 더 많은지를 물어본다.

검은 바둑돌과 흰 바둑돌이 같다고 말하는 아이는 보존개념이
형성되어 있는 아이지만, 흰색이나 검은색 바둑돌이 많다고 말하는
아이는 보존개념이 덜 형성된 아이이다. 아직 보존 개념이 형성되
어 있지 않은 아이는 바둑돌의 수보다는 바둑돌이 차지하고 있는

공간의 크기나 조밀 정도에 의해 양의 크고 작음을 판단하기 때문이다.

수의 보존개념을 이해하기 위해서는 먼저 물체의 모양이 바뀔수 있다는 것을 이해시켜야 한다. 그러기 위해서는 직접 손으로 만져보는 조작활동이 매우 중요하다. 예를 들어 삶은 계란을 반으로 자르면 계란은 반 토막씩 2개지만 두 개를 하나로 합치면 하나가된다는 활동을 놀이삼아 많이 해 익숙해지면 쉽게 이해할 수 있다. 이 때 물건을 가지고 일대일 대응놀이를 시키면 양이 같다는 것을 아이에게 가르칠 수 있다. 물, 오렌지 주스, 모래, 찰흙, 점토 등을 이용하면 보존개념을 실생활에서 놀이로 가르칠 수 있다. 찰흙이나 점토를 가지고 다양한 모양을 만들어보면 모양은 달라도 양이같다는 것을 아이 스스로 이해할 수 있다.

아이가 양의 개념을 이해하기 위해서는 여러 가지 사물을 직접조작해보는 활동이 필요하다. 사물을 관찰해보고 비교해보는 가운데 자연스럽게 길이와 양의 개념을 습득할 수 있다. 가장 기본적인것은 집에서 길이를 비교해 보는 활동을 해보는 것이다. 길이는 양의 개념을 습득하기 위해 가장 기본적으로 알아야 할 기본개념이다.

예를 들어 연필과 색연필의 길이를 실제로 재보고 길이를 비교해봄으로써 아이들은 '길다' '짧다' '높다' '낮다' '멀다' '가깝다' 의 개념을 알게 된다. 예를 들어 색연필과 연필의 길이를 재본다음 자로 잰 길이를 비교해볼 수도 있지만 연필과 색연필을 한쪽

수 개념을 가르치는 방법

1단계

사탕 5개를 손으로 만져서 안다.

2단계

사탕 5개를 그림으로 그렸을 때도 이해한다.

3단계

사탕이 5개라는 것을 안다.

끝을 나란히 놓거나 세워서 비교해볼 수도 있다.

취학 전 아이들에게 수 개념을 가르칠 때에는 구체적인 사물을 가지고 가르쳐야 한다. 처음에는 손가락, 사탕, 바둑알 등 손으로 만져볼 수 있는 것으로 시작하다가 익숙해지면 그림으로 하고, 그 다음에 숫자를 이용해서 수를 가르쳐야 한다. 초등학교에 들어가기 전에는 반복적으로 많은 문제를 풀게 하기보다는 수 밑바닥에 깔려 있는 개념을 이해할 수 있도록 하는 것이 무엇보다도 중요하다. 생활 속에서 놀이 활동을 통해 수 개념을 가르치는 것이 무엇보다도 중요하다.

계산 중심의 반복학습보다는 손으로 조작하는 활동을 시키자

수학은 다른 어떤 과목보다도 '논리적으로 생각하는 힘' 을 키워주는 과목이기 때문에 취학 전 유아들에게 수학을 가르치는 것은 매우 중요한 일이다. 수학은 논리력과 창의력을 키우는 근간이기 때문에 다른 어떤 활동보다도 중요하다. 이처럼 중요한 과목인 수학을 아이들은 학년이 올라가면 갈수록 싫어하게 된다. 이유는 여러 가지가 있겠지만 수학적인 개념과 원리를 깨우치지 못한 상태에서 지나치게 많은 문제를 풀게 해서 수학이라면 지겨워 고개를 절레절레 흔들게 만드는 요즘의 수학교육 때문이라는 지적이 많다.

수학을 재미있는 과목으로 여기게 만드는 것, 그것이 취학 전 아이들에게 가장 중요한 과제이다. 수학적인 놀이 활동을 재미있게 생각하고, 더 나아가 수학을 좋아하는 아이로 키우려면 암기위주로 지나치게 많은 문제를 풀게 해서는 안 된다. 오히려 '왜 수학을 배워야 하는지?' 함께 이유를 찾아보고 '생활 속에서 수학이 어떻게 도움이 되는지?'를 확인시켜 주는 과정이 필요하다.

일단 초등학교에 들어가면 교과서 진도를 따라가야 하기 때문에 시간이 부족할 수 있으므로 취학 전에 다양한 수학놀이 활동을 많이 해보는 게 무엇보다도 중요하다. 요즘 초등학교 수학문제를 보면 연산문제보다는 사고력과 창의력을 요구하는 문제들이 많다. 특목고 입시나 대학 수학능력시험에서의 수학문제를 보면 예전과는 달리 단순 계산보다는 창의력을 묻는 문제들이 주류를 이루고 있다. 따라서 수학을 좋아하고 잘하는 아이로 키우려면 어렸을 때부터 '생각하는 힘' 다시 말해 '사고력'을 길러주는 교육을 시켜야 한다. 사고력이나 창의력은 문제를 많이 풀게 한다고 향상되는 것이 아니다.

특히 초등학교에 들어가 수학을 잘하는 아이로 만들겠다고 취학 전부터 계산문제 푸는 것을 반복시키면 수학에 흥미를 잃어 '수학은 재미없다'는 인식을 시킬 수 있으므로 주의해야 한다. 숫자 계산을 빨리 하고 식을 빨리 세워 공식에 맞춰 척척 문제를 푸는 것이 능사가 아니라 스스로 생각해 문제해결의 방법을 찾게 하는 것이 수학의 기본이라는 점을 기억해야 한다.

취학 전에는 무엇보다도 아이가 직접 만져보고 조작해보고 참여해보는 다양한 놀이방식의 수학활동을 시켜 수 개념을 완전히 깨우치게 하고 다양한 활동을 통해 생각하는 힘을 키워주는 것이 바람직하다. 연산중심의 주입식 반복교육보다는 사고력을 신장하는 수학학습에 많은 시간을 할애해야 한다.

수학의 원리를 재미있게 풀어놓은 책을 읽어주자

수학의 개념이나 원리를 재미있게 풀어 놓은 다양한 책을 아이에게 읽어주면 수학에 대한 흥미를 높일 수 있다. 시중에 나가보면 3, 4세 유아부터 취학 전 유아들을 대상으로 나온 수학 관련 책이 많다. 이런 책들을 구입해 읽어주면 자연스럽게 수와 수학이라는 과목과 친해지게 된다. 수학과 관련된 책을 많이 읽어주면 아이는 자연스럽게 수학과 익숙해지게 된다.

다양한 수학교구를 활용해 직접 조작해 보게 하자

다양한 교구를 활용하면 아이들이 생각하기 힘든 수학적인 사실을 직접 보고, 만지고, 활동해 보면서 그 원리를 이해할 수 있다. 예를 들어 키를 잴 수 있는 신장표, 시침과 분침, 눈금이 정확하게 그려진 커다란 벽시계, 쿠키 만들 때 사용되는 작은 저울, 허리를 잴 때 쓰는 줄자, 각종 퍼즐, 주사위, 나무 블록 등을 가지고 다양한 활동을 해보게 하면 수학적 사고력이나 창의력을 키우는 데에도 도움이 될 뿐 아니라 일상생활 속에서 수학이 어떻게 활용되는지 알 수 있고, 수학과 친해지는 데에도 도움이 된다. 특히 제7차 교육과정에서는 창의력과 문제해결력을 키우는 '활동중심'을 강조하기 때문에 수학교구를 이용해 여러 가지 방법으로 활동을 해보게 하는 것이 도움이 된다. 이런 과정을 통해 아이들은 자연스럽게 수학적인 원리와 개념을 이해하게 되고 새로운 문제에 대한 응용력도 발달하게 된다.

1) 기하판

네모난 판 위에 바둑판과 같이 일정한 간격으로 작은 못이 박혀 있는 것이 기하판이다. 못에 색깔 고무줄을 끼워보면 다양한 형태의 도형을 만들 수 있다. 여러 가지 조건을 붙여가며 도형을 만들어보는 놀이를 해볼 수 있다.

2) 칠교판

정사각형을 7개 조각으로 나눈 판이다. 삼각형, 사각형 등의 모양이 나온다. 칠교판을 이용해 사람, 동물 등의 형태를 만들어 보면 통찰력과 직관력을 기르는 데 도움이 된다.

3) 종이접기

종이접기는 집중력과 침착함을 길러주기 때문에 산만하거나 덜렁거리는 아이들에게 권해줄 만한 놀이다. 색상 종이로 만든 띠를 이용해 여러 가지 다면체를 접어볼 수 있다. 이를 통해 각도가 만들어지는 원리를 자연스럽게 익히고 손의 정교성을 기를 수 있다. 취학 전 아이들에게 있어서 색상 종이 띠의 폭은 3cm 정도로 넉넉한 것이 좋다.

4) 수막대

수막대의 이름 붙이기, 덧셈과 뺄셈 익히기, 여러 가지 모양 채우기, 모양 뒤집기와 회전하기, 입체 모양 만들기, 쌓은 모양 관찰하기 등으로 이루어져 있다. 수세기 및 기본적인 덧셈과 뺄셈과의 관계를 인식하고, 추상적인 수를 구체적인 조작을 통하여 폭넓게 이해하게 한다.

수학을 좋아하는 아이로 만들어주는 여덟 가지 놀이학습

첫째, 분류, 집합을 가르치는 놀이 - "같은 모양, 다른 모양 찾기"

아이들이 가장 먼저 배우는 것이 분류이다. 분류의 첫 개념은 아이가 사물을 인식하기 위한 학습을 시작하면서부터이다. 여러 가지 사물의 공통된 특성을 알아내고 이에 따라 사물을 모아보는 분류 능력과 사물의 특징을 알고 순서대로 배열하는 순서 짓기는 논리-수학적 사고 발달에 전제가 되는 기초능력이다. 아이와 함께 같은 모양 찾기, 같은 색 찾기 놀이를 하면 분류를 가르칠 수 있다. 처음에는 빨간색 찾기, 노란색 찾기와 같이 같은 색을 찾는 놀이를 하다가 그 다음 단계에서는 '파란색이면서 동그란 것' '빨간색이면서 네모난 모양' 등으로 점차 복잡한 분류로 놀이를 발전시킨다. 또 '다른 종류 골라내기' '같은 친구끼리 모으기' '비슷한 관계 연결 짓기' 와 같은 활동들이 분류(집합)를 가르치는 놀이이다. 분류를 가르치는 방법으로 일상생활 속에서 정리정돈을 시키는 것도 수학 활동에 도움이 된다. 정리정돈에는 집합, 관찰, 판단 등 여러 가지 지적활동이 담겨져 있기 때문이다.

둘째, 짝수와 홀수를 가르치는 놀이 – "내 짝꿍 찾기"

다섯 개의 초콜릿과 여섯 개의 초콜릿을 놓고 짝수와 홀수 개념을 가르칠 수 있는 놀이로 두 개씩 짝을 묶는 활동이다. "여섯 개는 일 대일 대응이 다 되기 때문에 짝수이고, 다섯 개는 하나가 남기 때문에 홀수야."라고 설명해 주면 아이는 손으로 직접 짝을 만들어보면서 짝수와 홀수의 개념을 이해하게 된다. 짝이 있으면 짝수, 혼자 있으면 홀수, 하는 식으로 하나하나 일대일 대응을 시키면 쉽게 이해하게 된다.

셋째, 주사위놀이

시중에 나가보면 주사위 말판놀이가 있다. 그것을 사다가 아이와 함께 주사위놀이를 하면 주사위의 숫자만큼 말판이 나가기 때문에 1부터 6까지는 확실하게 수 개념을 익히게 할 수 있다.

넷째, 숫자판 만들기 - "100까지 숫자 세기"

10진법을 자연스럽게 알게 할 수 있는 놀이판이다. 아이와 함께 만들어서 아이 방에 붙여 놓아도 되고 여러 가지 놀이를 할 때 활용해도 된다. 진도를 너무 빨리 나가면 아이가 힘들어하므로 완전히 개념이 설 때까지 천천히 아이 스스로 할 수 있도록 도와주기만 하면 된다. 1~10까지 셀 줄 알게 되면 11~20까지 점차 수를 넓혀간다. 이 표를 이용해서 큰 수/작은 수 알아보기 놀이도 할 수 있다.

1	2	3	4	5	6	7	8	9	10
11	12	13	14	15	16	17	18	19	20
21	22	23	24	25	26	27	28	29	30
31	32	33	34	35	36	37	38	39	40
41	42	43	44	45	46	47	48	49	50
51	52	53	54	55	56	57	58	59	60
61	62	63	64	65	66	67	68	69	70
71	72	73	74	75	76	77	78	79	80
81	82	83	84	85	86	87	88	89	90
91	92	93	94	95	96	97	98	99	100

보통 서너 살까지 공간 개념은 막연하다. 따라서 생활 속에서 재미 있게 공간관계를 알려주면 자연스럽게 공간을 인식시킬 수 있다.

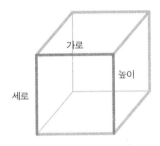

여러 가지 물건을 바닥에 늘어놓고 "오른쪽에 있는 것은 무엇일 까요?" "가장 왼쪽 아래에 있는 것은 무엇일까요?" "연필 옆에 있 는 것은 무엇일까요?" "동그라미 안에 있는 것은 무엇일까요?" 등 을 물어보면 좌우, 상하의 공간 관계를 자연스럽게 가르칠 수 있다. 미로 찾기 게임은 전체를 한눈에 파악할 수 있는 힘을 길러주고 공 간을 이해하는 데 도움이 된다.

놀이터에 가서 엄마와 아이가 시소를 타고 누가 더 무거운지 놀이 를 해보자. 어떤 것이 더 무거운지 무게를 비교할 수 있다. 또 문방 구에 가서 양팔 저울을 사다가 양팔 접시에 물건을 얹고 무게를 비교하는 놀이를 시키면 무게를 재는 것은 물론이고 어떤 것이 더 무게가 많이 나가는지 구체적인 조작활동을 통해 알 수 있다.

아이들은 물의 양을 물 높이만으로 따지는 경향이 있다. 아이가 보는 앞에서 같은 양의 물을 모양이 다른 여러 가지 컵에 바꿔 부으면서 어떤 컵에 있는 물이 가장 많은지 물어본다. 피아제의 양의 보존법칙을 인식시키는 놀이로 컵이 바뀌어도 물의 양이 같다고 하면 수의 보존개념이 서 있는 아이이다.

일곱째, 바둑돌을 이용한 여러 가지 놀이

바둑돌은 흑과 백의 대조가 뚜렷하고 모양이 같고 바둑판도 같은 형태의 모눈이 그려져 있어 패턴 인식에 도움이 된다. 오목은 바둑판 선상에 세로·가로·대각선 어느 쪽으로나 먼저 5개를 나란히 놓는 사람이 이기는 바둑놀이로 5개의 수 개념을 확실하게 가르칠 수 있는 놀이이다.

여덟째 – '수 가르기' '수 모으기' 판 만들기

아이들이 초등학교 1학년 과정에서 가장 어려워하는 것은 '수 가르기'와 '수 모으기'이다. 수 개념이 완전히 서 있지 않은 상태에서 '수 가르기'와 '수 모으기'를 하면 어려울 수밖에 없다. 손으로 직접 조작하면서 해볼 수 있는 방법으로 '수 가르기' '수 모으기' 놀이를 하면 수 개념을 익히는 데도 도움이 되고 학교에서 '수 가르기' '수 모으기'를 할 때 쉽게 해낼 수 있다.

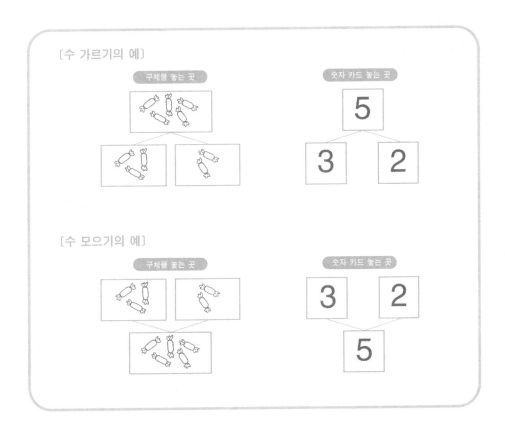

〔수 가르기의 예〕

〔수 모으기의 예〕

과학은 이렇게 준비시키자

슬기로운 생활은 탐구활동을 가르치는 과목

슬기로운 생활은 주위 현상에 대해 관심을 가지고 자신과 사회, 자연과의 관계를 생각해봄으로써 여러 상황 속에서 슬기롭게 생활할 수 있도록 생활의 기초를 가르치는 통합교과이다. 활동 중심의 학습을 통해 기초 탐구 능력, 바람직한 학습 습관의 형성, 남의 도움을 받지 않고 스스로 문제를 해결하려는 태도를 가르치는 과목으로 다음과 같은 영역으로 구성되어 있다.

첫째, 살펴보기(관찰)

과학적인 탐구 과정 중 가장 중요한 관찰과 분류 활동이다. 직접 자연의 현상을 접하고 경험할 수 있는 기회를 제공해 스스로 탐구할 수 있는 능력을 개발시키는 데 주력한다. 1학년에서는 몸 살펴보기, 주위 동물에 대해서 살펴보기, 2학년에서는 우리 집 살펴보기로 구성되어 있다.

둘째, 무리짓기

구체적인 사물을 놓고 같은 점과 다른 점을 찾아내고, 속성에 따라 정리해 보는 활동으로서, 현상 인식의 기초 능력을 기르려는 데에 목적이 있다. 1학년 때에는 물건 정리하기, 2학년 때에는 주위 살펴보기, 주변의 물체 모으기, 열매나 씨앗 모으기 등으로 구성되어 있다.

셋째, 재어보기

사물의 속성을 이해하는 한 방법으로 시간, 거리, 크기, 길이 및 무게를 가늠해 보는 활동이다. 1, 2학년은 도량형을 사용하여 정밀하게 측정할 수는 없기 때문에 눈대중으로 짐작해 보면서 시계와 저울이나 자 등의 필요성을 이해하도록 한다. 1학년 때에는 키 재어보기, 거리 알아보기, 2학년 때에는 몸무게 재보기, 시간 재보기로 구성되어 있다.

넷째, 현장학습 (견학)

아이들이 직접 교실 밖이나 야외로 나가 자연 또는 사회적 현상과 접해 봄으로써 주위의 자연 현상과 사회 현상에 대해 흥미와 호기심을 가지고, 이들을 바르게 이해하고 자신과 사회 및 자연과의 관계를 올바로 이해하게 되는 기회를 제공해 준다.

여섯째, 조사 발표하기

어떤 문제나 주제에 관한 자료 찾기, 방법 알아보기, 해당 사례 알아보기, 하는 일 알아보기 등의 탐구 활동을 학생 스스로 또는 부모와 함께 함으로써 문제 해결에 대한 자신감을 얻을 수 있다. 1학년 때에는 우리 집 행사 조사하기, 우리를 위해 애쓰시는 분 알아보기, 하루 동안에 하는 일 알아보기, 2학년 때에는 우리 이웃 알아보기, 시간의 흐름에 따른 변화 알아보기, 동물이나 식물의 자라는 모습 관찰하기로 구성되어 있다.

일곱째, 만들기

나무, 종이, 실, 플라스틱 블록 등의 재료를 이용하여 자기가 좋아하는 물체 또는 장난감을 실제로 꾸미거나 만들어보는 활동으로, 학생들의 독창적인 창의력을 기르거나 도구의 사용을 바르게 하는 활동이 중심이다. 1학년 때에는 도구 사용하기, 2학년 때에는 장난감 만들기, 그림지도 그리기, 생활 계획 꾸미기로 구성되어 있다.

여섯째, 놀이하기

구체적인 사물을 조작하는 활동을 통하여 어떤 사실이나 개념을 깨닫게 하는 것이 특징이며, 학생들의 홍미와 호기심을 유발하는 데 특히 효과적이다. 1학년 때에는 안전하게 생활하기, 놀이터 활동하기, 병원놀이하기, 2학년 때에는 가게놀이하기, 물총놀이하기, 그림자놀이하기로 구성되어 있다.

생활 속에서 다양한 실험관찰을 할 수 있게 해주자

과학을 재미있다고 여기는 아이 대부분은 집에서 엄마 아빠와 함께 여러 가지 다양한 실험을 해본 경험이 많다. 어릴 때부터 집에서 다양한 실험, 관찰을 해본 아이는 과학을 즐거운 조작활동 또는 체험활동이라고 생각하기 때문에 과학을 재미있는 과목이라고 생각하는 것이다. 많은 과학자들의 위인전을 읽어보면 어렸을 때부터 곤충채집과 식물채집을 하는 등 어렸을 때부터 부모와 함께 과학놀이를 했음을 알 수 있다. 아이가 어릴 때 다양한 과학적인 체험을 해보면 과학에 대한 홍미가 높아지고 호기심도 많아져 과학은 즐거운 놀이라는 인식을 할 수 있다.

취학 전과 초등학교 1, 2학년 때에는 과학적인 지식을 많이 알게 하는 것보다 생활 속에서 다양한 체험활동을 통해 과학적 사고력을 키워주는 게 무엇보다도 중요하다. 다양한 실험·관찰을 통한 체험에서 나오는 과학적 사고야말로 창의적인 문제해결력의 밑거름이 되기 때문에 어릴 때부터 탐구활동에 관심을 가질 수 있도록 도와주어야 한다.

창의성을 키우고 과학에 재미를 느끼게 하기 위해서는 모든 현상에 호기심을 갖게 하고, 생각하는 힘을 갖게 하는 환경을 만들어 주어야 한다. 그러기 위해서 고정관념을 가지고 '…하지 마라' '…는 안 된다' 는 식의 부정적인 말은 하지 않는 것이 좋다. 그 대신 '왜?' '…하면 어떻겠니?' '그렇구나!' '우리 직접 한번 해보자' 와 같은 말로 아이가 과학적인 것에 관심을 가질 수 있도록 유도하는 것이 바람직하다.

첫째, '왜 그럴까?' 호기심을 보이면 아이와 함께 답을 찾아보자

어린 아이들은 주변에 대해 궁금한 것이 많다. '왜 비가 내릴까?' '하늘은 왜 파랄까?' '식물은 왜 녹색일까?' '비행기는 어떻게 하늘을 날까?' '배는 어떻게 물 위에 뜰까?' 우리 주변에서 일어나는 여러 가지 현상에 대한 궁금증이 과학적 탐구의 시작이다. 엄마가 끓이는 보리차를 보면서 '물이 끓은 주전자 뚜껑을 열면 왜 김이 날까?' 궁금증을 가지면 물과 수증기에 대해 탐구하기 시작할 것이고, 나중에는 온도에 따른 물의 상태변화라는 과학적인 개념을 이해할 수 있다.

이러한 경험이 바로 과학적인 탐구활동의 시작이다. 아이가 어떤 현상에 혹은 물건에 '왜 그럴까?' 하는 호기심을 가지고 질문을 해오면 아이와 함께 인터넷, 백과사전, 전문서적 등 다양한 자료들

속에서 질문의 답을 찾아보자. 이런 과정을 통해 아이는 과학적 탐구능력이 생기게 된다.

둘째. 집에서 다양한 탐구활동을 할 수 있게 해주자

집에서 금붕어를 길러보게 하거나 화초를 키우는 것도 모두 과학적인 탐구활동이 될 수 있다. 금붕어에게 규칙적으로 밥을 주어야 한다는 책임감과 물이 더러워졌는데도 물을 갈아주지 않으면 산소가 부족해 물고기가 살 수 없다는 사실도 가르칠 수 있다.

식물원에 갈 때, 동물원에 갈 때, 관련 책을 가지고 나가 눈으로 직접 본 식물이나 동물을 책에서 찾아보게 하고 그것을 카메라에 담아오거나 크레용으로 그림을 그려보게 해보자. 그리고 포유동물, 조류, 파충류 등 다양한 생물에 대한 분류도 아이와 함께 해보자. 식물의 경우 여러 가지 꽃의 냄새, 생김새, 색깔, 꽃잎이 몇 장인지 비교해보게 하자. 그리고 어떤 기준으로 분류를 했는지 물어보자. 아이들은 엄마의 이런 질문을 통해 분류의 기준이 무엇인지 생각하고 찾아내는 연습을 할 수 있다. 관찰, 비교, 분류는 과학적인 사고의 기본이다.

셋째. 실험이나 관찰할 기회를 많이 만들어주자

아이들은 일상생활과 주변세계에서 다양한 과학적인 관찰, 실험, 탐구를 할 수 있다. 과학을 가르친다는 것이 반드시 실험실에서 시험관이나 알코올 램프를 가지고 실험하는 것이 아니라 일상생활 곳

곳에 숨어 있는 과학적인 사실들과 실제 삶이 연관된 것이다. 집에서 먹던 탄산음료 페트병을 이용해 작용과 반작용의 원리에 의해서 날아가는 물 로켓 원리를 알려줄 수 있다. 또 씨앗에서 싹이 어떻게 트는지 아이가 궁금해한다면 접시에 콩과 물을 넣고 아이가 직접 길러보게 하자. 그리고 공책에 관찰한 것을 그림으로 그려보게 하자. 별자리 관찰, 웅달과 양달의 비교, 기온 변화, 암석 관찰 등을 직접 체험해보게 하는 것도 중요한 과학 공부가 될 수 있다.

넷째, 다양한 과학 활동에 참여시키고, 과학을 소재로 한 책이나 컴퓨터 CD나 다큐멘터리도 보여주자

요즘에는 실험, 실습 위주로 되어 있는 다양한 과학교실이 많다. 책을 통해 보던 것을 실제로 실험실습을 해보면 아이들은 과학을 재미있게 생각한다. 또 과학관, 과학전시회, 과학박물관, 과학영화 등을 볼 수 있게 해주는 것도 좋다. 또 과학을 소재로 한 다양한 책을 읽게 하고 아이들이 좋아하는 게임형식의 과학놀이 시디롬이나 과학다큐멘터리 비디오 등 시청각 자료를 시간 날 때마다 보여주면 과학적인 상식이 늘어나 좀더 과학에 호기심을 가질 수 있다.

다섯째, 고장난 물건은 아이 스스로 뜯어보게 해보자

고장나서 못쓰게 된 장난감이나 가전제품이 있다면 그냥 버리지 말고 아이와 함께 그 속을 뜯어서 분해해 보자. 열어보면 어떤 부품이 들어 있는지 어떤 원리로 작동되는지 알 수 있다. 또한 폐품을 모아

다양한 물건을 만들어 보게 하는 것도 상상력을 키우는 데 도움이
된다. 가위, 칼, 마분지, 풀, 테이프 등을 가지고 무엇인가 만들며
놀 수 있게 해주면 아이는 차츰 공작놀이, 과학놀이의 재미에 빠질
수 있다.

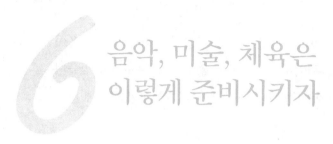

음악, 미술, 체육은 이렇게 준비시키자

즐거운 생활은 음악, 미술, 체육을 하나로 묶은 통합 교과

'즐거운생활' 은 이름 그대로 여러 가지 놀이나 다양한 활동을 통하여 재미있는 학교생활을 할 수 있도록 신체 활동(체육), 음악 활동(음악), 조형 활동(미술)을 하나로 묶은 통합교과이다.

1학년 때에는 여러 가지 놀이하기, 여러 가지 주제 표현하기, 서로의 활동과 작품 감상하기, 문화 및 체육활동 체험학습하기, 음악적 요소 이해하기, 조형적 요소 이해하기 등의 활동을 하고, 2학년 때에는 정글짐, 후프 등 시설물과 기구를 이용해서 놀기, 계절놀이, 민속놀이, 악기놀이, 장난감을 꾸미거나 만들기 등의 활동을 한다.

즐거운 생활의 경우 하나의 작품을 만들려면 많은 시간이 소요

되기 때문에 담임교사의 재량에 따라 2시간 혹은 3시간씩 묶어서 하는 경우가 있다. 즐거운 생활의 경우 말 그대로 학교에서 즐겁게 활동하면 되는데 그러기 위해서는 준비물을 잘 챙기는 습관을 들이는 것이 무엇보다도 중요하다. 2, 3시간씩 집중적으로 활동을 해야할 때 준비물을 제대로 챙기지 못해 선생님에게 야단을 맞고 수업시간에 혼자서 활동을 하지 못하고 다른 친구들이 하는 것을 구경만 하고 있으면 아이는 위축되기 쉽다. 따라서 즐거운 시간의 경우반드시 전날 알림장을 보고 어떤 준비물이 있는지 반드시 체크할수 있도록 학기 초기에는 엄마가 신경을 써주어야 한다. 만약에 아이가 덤벙거려 잘 챙기지 못하는 성격이라면 몇 가지 준비물을 아예 아이 학교 사물함에 넣어놓고 필요할 때마다 꺼내 쓸 수 있게 여유분을 미리 준비해주는 것도 좋은 방법이다.

피아노 교육은 만 4, 5세 이후가 적당하다

음악은 두뇌를 자극해 지능계발에 도움이 될 뿐 아니라 정서 발달에도 크게 도움을 주기 때문에 어릴 때부터 음악교육을 시작하는 것이 좋다. 또 악기를 다루다 보면 손가락 운동을 많이 하게 돼 소근육 발달에도 도움을 준다. 보통 만 3세부터 음악적인 감각을 키워주는 것이 좋다. 평상시 집안에서 다양한 음악을 듣게 하고 자주 온 가족이 노래를 부르는 활동을 많이 하면 자연스럽게 음악과 친하게 지낼 수 있다. 실로폰, 멜로디언, 탬버린, 트라이앵글 등 주변에서 쉽게 구할 수 있는 악기를 가지고 놀게 해주는 것도 좋은 방법이다. 이러한 놀이가 리듬감을 갖게 해 악기를 배우는 토대를 닦아주기 때문이다.

음악교육은 조기교육이 좋다고 하지만 악기 연주는 어느 정도 신체 발달이 이루어진 다음에 배워야 하기 때문에 적어도 만 4, 5세 이후에 시작하는 것이 좋다. 일찍 시작했다가 금세 힘들다며 그만두겠다고 하는 아이들이 많기 때문이다. 이렇게 되면 시작하지 않은 것만 못하고 도중에 실패했다는 패배감만 아이에게 만들어줄 수 있기 때문에 신중을 기해야 한다.

피아노든 바이올린이든 악기 연주를 가르칠 때에는 아이가 원할 때 시키는 것이 가장 효과적이다. 물론 초등학교에 들어가서 가르쳐도 늦지 않다. 6, 7세 때 1년간 배울 내용을 초등학교에 들어가 집중해서 배우면 6개월이면 다 배울 수 있다.

"엄마, 나 피아노 배우고 싶어"라는 아이의 말 한마디에 당장 피아노학원에 보내지 말고 아이의 반응을 기다려보는 것이 바람직하다. 계속해서 피아노를 배우고 싶다고 말한다면 먼저 문방구에 가서 종이 피아노건반을 사다가 피아노놀이를 하게 해주자. 그 다음에는 멜로디언을 가지고 검은 건반과 흰 건반을 눌러보면서 건반악기 놀이를 하게 해주자. 동시에 피아노 음악을 아이에게 들려주는 것도 큰 도움이 된다. 시중에 나가면 일반적으로 아이들이 많이 배우는 피아노 연습곡들이 카세트테이프에 녹음되어 팔고 있다. 소나티네 1번, 부르크밀러 25번 연습법, 체르니 등 피아노 연습곡 카세트테이프를 아이에게 자주 들려주면 귀에 익숙해져 나중에 정식으로 피아노를 배울 때 큰 도움이 된다.

간단한 호기심이었다면 더 이상 피아노를 치고 싶다는 말은 하지 않겠지만 진정으로 피아노에 관심이 많고 배우고 싶어한다면 아이 성격에 맞는 피아노학원이나 개인레슨 교사를 구해 가르치면 된다.

개인차가 있긴 하지만 일반적으로 바이올린과 피아노는 만 4, 5세 이상이 적합하다. 긴 호흡이 필요한 플루트나 클라리넷과 같은 관악기는 초등학교 입학 이후에 다루는 것이 바람직하다. 어린 아이에게 음악 이론을 가르친다며 어려운 이론 설명을 하고 문제를 풀게 하는 학원은 아이에게 일찍 음악을 질리게 한다는 점을 염두에 두고 욕심을 부리지 않는 것이 중요하다. 또한 악기 연주를 즐거운 활동이 아닌 친구들과의 경쟁으로 삼게 하면 아이는 금세 싫증을 내 아이와 엄마가 연습 때문에 갈등을 빚을 수도 있다는 점을 잊지 말자.

맘껏 그릴 수 있게 해주고 가위 사용법도 연습시키자

어린 아이들에게 있어서 미술교육은 자신의 마음을 그림으로 표현할 수 있다는 점과 상상력, 창의력을 길러준다는 점에서 다른 어떤 교육보다도 중요하다. 만 3세를 전후해 아이들은 원, 직선 등을 그리기 시작하는데 이 때부터 자유롭게 아이가 그리기 활동을 할 수 있게 해주는 것이 좋다. 스케치북과 색연필, 크레파스 등을 아이 눈에 띄는 곳에 놓아 아이가 맘껏 그림을 그릴 수 있게 해주는 것이 좋다. 아이가 어릴수록 다양한 재료를 통해 재료의 질감을 느낄 수 있도록 한다면 창의력과 상상력을 계발시키는 데도 도움이 된다. 색종이, 사인펜, 색연필, 고무찰흙 등으로 그림을 그리거나 만드는 활동도 좋다. 도화지 한쪽에만 물감을 짠 뒤 반으로 접어 무늬를 만들어 보는 데칼코마니도, 물감을 짜 놓고 손이나 발로 그림을 그리는 활동도 아이들이 흥미를 느끼는 놀이 중 하나다.

미술교육을 시킬 때 주의할 점도 있다.

아이들의 그림에도 발달단계가 있다는 것을 알아야 한다

4세 전후 아이들의 그림을 보면 타원형의 동그라미를 그려놓고 사람이라고 한다. 아이가 팔, 다리를 까먹고 그리지 않은 것이 아니라 나름대로 그 모습이 사람이라고 생각하기 때문에 그렇게 그린 것이다. 이런 아이에게 '무슨 사람이 이렇게 생겼니? 사람은 이렇게 그려야 하잖아'라고 말하며 아이 그림에 엄마가 팔, 다리를 그려 넣고 눈, 코, 입을 그려주어서는 안된다. 이런 일이 반복되면 아이는 '나는 그림을 못 그리는구나'라고 생각하기 때문에 아예 그림을 그리지 않으려고 할 수 있다.

연령이 높아지면 자연스럽게 사람 형태에 맞는 그림을 그리게 되므로 너무 조바심을 낼 필요는 없다.

빈틈없이 색칠하기를 강요하지 말자

가정에서 취학 전 아이들에게 그림 그리는 활동을 시킬 때 밑그림을 그리고 색칠을 꼼꼼하게 시키는 엄마들이 많다. 선 바깥으로 삐져나가지 않고 빈틈없이 꼼꼼하게 색을 칠해야 잘했다는 칭찬을 받는 활동이기 때문에 손에 힘을 주고 열심히 칠해야한다. 하지만 아이들은 색칠하기를 힘들어할 뿐 아니라 똑같은 활동을 반복적으로 해야 하기 때문에 재미없어한다. 또 빈틈없이 다 칠해야 한다는 부담감 때문에 스트레스를 받기도 한다. 따라서 빈틈없이 꼼꼼하게 모두 다 칠하기를 강요하지 말자. 자기 마음대로 그림을 그리다보면 연령에 맞는 그림형태가 잡아지고 색깔 선택에도 스스로 눈을 뜨게 되므로 가급적이면 자유롭게 그리게 하는 것이 바람직하다.

어른의 고정관념으로 아이 그림을 판단하지 말자

하늘은 반드시 하늘색, 땅은 고동색, 나뭇잎은 초록색, 해님은 빨간색, 사람 얼굴은 모두 살색이라는 식으로 어른들의 색에 대한 고정관념을 아이에게 강요하지 말아야 한다. 아이가 하늘을 까맣게 칠했다면 그 아이는 하늘이 까맣다고 느꼈기 때문이다. 취학 전 아이들에게 중요한 것은 자신의 상상력을 맘껏 펼쳐보일 수 있도록 자기 마음대로 그려보게 하는 것이다. 엄마 눈높이에서 상식적으로 생각한 그림만 잘 그린 그림이라는 고정관념을 버리자. 엄마가 이렇게 저렇게 그리라고 주문을 많이 하면 아이의 상상력은 사라져버릴 수도 있다. 사실적인 그림을 그렸을 때만 잘했다고 칭찬하면 아이는 마음껏 상상력을 발휘할 수 없다. 아이가 그림을 그릴 때 무엇을 어떻게 그리라고 주문하지 말고 아이 마음대로 그릴 수 있게 해주자. 그리고 아이가 그린 그림에 대해서 어른의 고정관념으로 판단하지 말자. 어떤 마음에서 무엇을 표현했는지 아이에게 그림설명을 듣자.

가위를 자유자재로 사용할 수 있게 미리 연습시키자

가위질하는 것이 위험하다고 아이에게 가위질을 못하게 하는 엄마도 있다. 어린 아이들은 아직 소근육이 발달되지 못해 가위질하기가 쉽지 않다. 하지만 학교에 입학할 때가 되었다면 적어도 가위질 정도는 자유자재로 할 수 있게 연습을 시켜야 한다. 가위질은 모든 만들기 활동의 기초이기 때문에 가위질을 잘 못한다면 학교에서 여러 가지 만들기 활동을 할 때 어려움을 겪을 수 있다. 위험하지 않은 어린이용 가위를 하나 구입해 종이 자르는 연습을 시키면 가위질에 흥미를 느껴 잘 해낼 수 있다.

획일화된 그림을 가르치는 미술학원에는 가급적 보내지 말자

아이들 그림을 보면 한결같이 다 똑같다는 생각이 들 때가 많다. 하늘은 파랗고, 해님은 빨간색이고 그 아래 서 있는 나뭇잎은 초록색이고, 집은 세모 지붕 위에는 굴뚝이 있고, 굴뚝에서는 연기가 나온다. 획일화된 그림그리기를 일찍 배우면 자유로운 상상력이나 창의력을 발휘할 기회를 잃어버리고 만다. 적어도 초등학교 1, 2학년 때까지는 아이 마음대로 자신의 창의력과 상상력을 펼칠 수 있는 그림을 그릴 수 있게 해주는 것이 바람직하다.

아이와 함께 미술관에 가자

프랑스에 직접 가 보지 않아도 현대 조각의 아버지라 불리는 로댕의 걸작품 '지옥의 문'과 '칼레의 시민'을 로댕박물관에 가면 아이에게 보여줄 수 있고, 도심 한복판에 있는 성곡미술관에 가면 유명작가의 조각품을 감상하며 산책을 할 수도 있다. 시간이 나는 대로 아이와 함께 미술관에 가자. 미술관에 가는 것이 작품을 감상하겠다는 거창한 목적까지는 필요없다. 그저 아이와 함께 조용한 휴식을 취하겠다는 생각 하나만으로도 충분한 가치가 있다. 미술에 대해서 잘 모르면 어떠랴! 많은 미술관에서 방학 때면 어린이들을 위한 다양한 미술활동 이벤트나 캠프를 열고 있다. 여기에 아이를 참여시키면 직접 작가를 만나볼 수도 있고 다양한 미술활동을 미술관에서 배워볼 수도 있다.

체육은 엄마 아빠와 틈틈이 집에서 하자

초등학생은 물론이고 취학 전 아이들을 대상으로한 '생활체육학원'까지 성행하고 있다는 언론보도를 접하면 우리 아이도 체육학원에 보내야 하나 하는 걱정이 생기기 마련이다. 사교육 논리에 휩쓸리다보면 모든 과목을 다 학원이나 과외에서 배우게 해야 할 것

같은 생각이 든다. 하지만 좀더 멀리보고 차분하게 생각해보면 지나친 걱정에서 나온 것임을 알게 될 것이다.

아이들에게 있어서 운동은 매우 중요하다. 요즘 아이들은 높은 칼로리의 음식을 많이 먹으면서 움직이는 것은 싫어하기 때문에 비만아가 늘고 있는 것도 사실이다. 몸이 건강하지 않으면 지구력이나 적응력 생활력 등이 떨어져 자신있게 학교 생활하는 데 어려움을 겪을 수 있다. 하지만 운동이 중요하다고 해서 반드시 학원이나 과외를 통해 배워야 한다는 것을 의미하는 것은 아니다. 생활 속에서 엄마 아빠와 함께 틈틈이 자연스럽게 여러 가지 운동을 할 수 있게 해주는 것이 더 중요하다. 어릴 때에는 다양한 운동 경험이 필요한데 몇 가지 운동을 엄마 아빠와 즐기다 보면 자연스럽게 아이가 좋아하거나 잘하는 운동을 발견할 수 있다

하루에 10분씩이라도 아이와 함께 엄마·아빠가 청소년시절 학교 체육시간에 배웠던 체조를 하자. 아빠 엄마와 즐겁게 하는 체조와 같은 몸놀림은 자연스럽게 활발한 신체활동으로 연결돼 뼈의 성장에 도움을 준다. 특히 성장기에 있는 유아들의 경우 체조를 통해 몸의 균형을 바로잡을 수 있어 유연성을 기르는 데에도 큰 도움이 된다.

아이가 7살 정도 되면 주말에 엄마 아빠와 함께 집앞에 나와 줄넘기를 하자. 아이들은 팔과 다리의 협응이 잘 되어야 하는 줄넘기 배우는 것을 어려워한다. 놀이삼아 엄마 아빠와 줄넘기를 꾸준히 하게 되면 학교에 들어가 줄넘기 때문에 어려움을 겪을 필요는 없

을 것이다. 또 엄마 아빠가 아이와 함께 훌라후프 돌리기, 공받기, 공던지기 등 다양한 운동을 하면 운동의 재미를 느껴보게 할 수 있다.

부록 I >>>

- 책과 친하게 만드는 열 가지 방법
- 책을 고를 때 주의할 점
- 취학 전 아이들이 읽으면 좋을 책

책과 친하게 만드는 열 가지 방법

첫째, 엄마 아빠가 책을 읽어 주자

초등학교에 들어간다고 해서 아이가 갑자기 크는 것은 아니다. 유아학교에 다닐 때에는 낭랑하게 책을 읽어 주다가 '이제 학교에 들어갔으니까 의젓하게 혼자서 책을 읽으라'고 하면 아이는 마음에 큰 부담을 느낀다. 부모가 인내심을 가지고 계속 책을 읽어 주다 보면 어느 시점에서 자연스럽게 아이 혼자 책을 읽는 시간이 점점 늘어난다. 마치 젖을 떼듯 자연스럽게 독립적인 책읽기로 넘어가면 그 때 부모가 책 읽어 주는 것을 그만 두어도 된다.

둘째, 책읽기는 즐거운 놀이가 될 수 있다

책 한 권을 다 읽었을 때 아이가 성취의 기쁨을 가질 수 있도록 다양한 놀이를 시도해 보는 것도 좋다. 도화지 전지에 커다랗게 책나무를 그려 놓고 책 한 권을 읽을 때마다 책 제목을 열매처럼 그려 오려서 나무에 하나씩 붙여 나가게 해 보자. 책 지도를 만들어 보는 방법도 있다. 가족이 쉽게 볼 수 있는 거실 벽이나 공부방 벽에 커다란 세계지도를 붙인다. 세계지도의 뒷면에는 우드락 보드나 스티로폼을 붙인다. 그 다음 아이가 책을 읽고 나면 그 책의 지은이가 사는 나라를 찾아서 그 나라에 색종이와 핀으로 만든 깃발을 꽂게 한다든지 색연필로 표시를 하게 한다. 이렇게 하면 아이 스스로 어느 나라 책을 얼마나 읽었는지를 알 수 있게 된다. 또 책에 대해 더 관심을 갖게 되고, 먼저 읽었던 그 나라의 책과 자연스럽게 견주면서 읽게 된다. 이외에도 여러 이야기를 섞어서 새로운 이야기를 지어 보게 한다든지 그 책을 판매할 수 있는 광고문을 만들게 하는 것도 아이가 흥미를 가지게 할 만한 방법들이다.

셋째, 짧은 글 책에서 긴 글 책으로, 그림이나 만화에서 글로 천천히 옮겨 가자

책의 두께나 글의 길이는 무엇보다도 아이의 수준과 흥미에 맞추어야 한다. 권장도서에만 기준을 맞추다 보면 서둘러서 권장 도서를 다 읽혀야 겠다는 사명 의식에 사로잡힌 나머지 아이가 제대로 이해하지도 못한 채 양적으로만 책을 많이 읽는 위험에 빠질 수도 있다. 대체로 책은 짧은 글 책에서 긴 글 책으로, 그림이나 만화에서 글로 된 책으로 여유 있게 단계를 높여 간다고 생각하자. 만화로만 된 책이 아이에게 좋지 못한 책 읽기 습관을 들이게 할까 걱정스럽다면 한 면은 만화로, 한 면은 글로 된 책도 괜찮다.

넷째, 소리 내어 읽게 해보자

눈으로만 훑어 보는 것과 자기 소리를 귀로 들으면서 책을 읽는 것은 확연히 다르다. 이야기가 주는 느낌, 다양한 표현들이 훨씬 강하게 머릿속에 남아 있게 된다. 뿐만 아니라 소리 내어 읽다 보면 정신을 집중하게 되기 때문에 책을 찬찬히 정확하게 읽는 습관도 기를 수 있다. 하지만 소리 내어 읽게 하는 것이 좋다고 하여 아이에게 무조건 모든 책을 소리 내어 읽으라고 하면 아이는 읽는 것 자체에 부담을 느낀다. 책 중간의 인상적인 부분을 소리 내어 읽게 한다든지 눈으로 몇 권 읽은 뒤 한 권을 소리 내어 읽게 하는 식으로 조절이 필요하다.

다섯째, 책읽기는 공부가 아니다

어느 때부터 책읽기는 공부가 되어 버린 것 같다. 대학 입시가 논술과 구술, 독서 경험을 강조하자 책 안 읽으면 대학을 못 간다는 식의 과잉 반응과 조급함이 엄마들을 휩싸고 있다. 그러다 보니 아이에게도 '수학 한 시간 하고 이 책을 꼭 읽어라' 하는 식으로 강요를 하게 된다. 국어, 영어처럼 책읽기가 하나의 과목처럼 아이들에게 부담이 되고 있는 것이다. 책읽기는 공부하듯이 해야 하는 의무 방어전이 아니다. 생활의 일부로 항상 주변에 있어서 비디오를 켜듯이 펼 수 있는 게 책이라는 사실을 잊지 말자.

여섯째, 책 읽는 모범을 보여 주자

책읽기를 생활화하는 것이 가장 중요하다. 생활화라는 것은 가족 구성원 모두가 자연스럽게 식사하고 잠자듯 책을 접한다는 것이다. 그런데 부모가 책을 안 읽는다면 책읽기를 생활화한다는 것이 애초에 불가능하다. 부모는 책을 안 읽으면서 아이에게 책을 안 읽는다고 조바심을 내게 되면 자연히 아이의 책읽기는 생활이 아니라 공부의 하나가 될 수밖에 없다. 책을 안 읽더라도 엄마 아빠의 책을 항상 아이의 책과 함께 눈에 잘 띄는 곳에 놓아두자. 그리고 읽은 책을 소재로 대화거리를 만들다 보면 비로소 책읽기가 생활화된다고 할 수 있다.

일곱째, 느낀 점을 진지하게 들어 주자

의무적으로 쓰게 하는 독후감은 아이에게 지겹다는 느낌을 가지게 할 뿐이다. 대부분의 아이들은 '느낀 게 없는데요' 라고 하소연하거나, '그런데 느낀 점이라는 게 뭐예요?' 라는 원초적 질문을 해 댄다. '느낌' 이라는 추상적인 개념을 아이들에게 강요하지 말자. 아이들이 읽은 책에서 강렬한 인상을 받았다면 요구하지 않아도 스스로 부모에게 말하고 싶어 안달을 한다. 그 때 진지하게 들어 주어야 한다. 비록 황당하고 유치하기 짝이 없는 느낌이더라도 아이에게는 그것이 새로운 세계를 발견한 기쁨이기 때문에 존중해 줄 필요가 있다. 그리고 푸짐한 칭찬을 해 준다. 책을 읽었다는 데 대해서도, 아이가 이야기한 느낌에 대해서도 칭찬을 아끼지 말 일이다.

여덟째, 책은 아이가 잘 볼 수 있는 곳에 놓아두자

으레 책은 6,7단짜리 책장에 꽂아 놓는다. 정리가 잘 되어 보기에 좋고 깔끔하기는 하지만 그 중에서 아이가 쉽게 눈을 맞출 수 있는 부분은 고작 2,3단에 불과하다. 아이를 키우면서 정돈된 집안을 고집하지는 말자. 아이가 얼굴만 들어도 금세 눈을 맞출 수 있는 높이에 아이의 책을 배열해 주자. 당연히 손도 쉽게 닿고 꺼내기도 쉬워야 한다. 책은 전시품이 아니라 읽는 수단이기 때문에 읽기 쉬운 데 있어야 하는 것이 당연하다. 특히 아이들 책이라면 마치 장난감을 가지고 놀듯 책을 꺼낼 수 있어야 좋다는 것이다.

아홉째, 학년별 권장 도서에 너무 연연해하지 말자

권장 도서는 아이들의 연령을 표준화하여 설정한 것이다. 따라서 모든 아이들에게 절대적인 책읽기의 기준이 된다고 하기는 어렵다. 아이에 따라 개인차가 있기 때문이다. 게다가 권장도서를 발표하는 기관과 모임의 성격에 따라 권장 도서의 양이나 성격에도 차이가 있게 마련이다. 물론 공신력 있는 기관의 학년별 권장 도서를 알아 두고, 책을 구입하거나 빌릴 때 참고로 삼을 수는 있다. 그래도 늘 염두에 두어야 할 것은 아이의 수준과 흥미이다. 아이의 책 읽기 수준이 권장 도서에 미치지 못한다는 판단이 서면 그 아래 연령의 권장 도서를 찾아보는 느긋한 자세가 필요하다.

시합에 나가는 것도 아닌데 책을 짧은 시간에 많이 읽히려고 서두르는 엄마들이 의외로 많다. 그러다 보니 어설픈 조각 이야기 모음이나 줄거리만 요약해 놓은 책을 읽히는 경우가 생긴다. 어떤 책의 일부만 읽는다든지 요약된 짧은 스토리만 접해 가지고 그 책을 다 읽었다고 할 수는 없다. 아무리 욕심을 낸다 해도 책을 읽는 주인공은 아이이고, 아이들은 되새김을 하듯 천천히 반복해 책을 읽으면서 생각의 세계를 키워 가게 마련이다. 책을 얼마나 많이 읽었는지, 얼마나 빨리 읽었는지에는 신경 쓰지 말자. 엄마들이 책을 고를 때도 좋은 고전을 지나치게 축약하여 줄거리만 살려 놓은 책이라든지 일화만 모아서 열거해 놓은 책보다는 아무리 짧아도 기승전결의 구조를 갖춘 소박한 이야기 책을 골라 주는 것이 좋다. 문장을 이해하고 뜻을 파악하는 데 너무 치중하지 말고 아이가 책을 통해 전체를 보는 눈을 가지도록 한다.

책을 고를 때 주의할 점

영원하고 보편적인 가치관을 담고 있는 책인가

영원하고 보편적인 가치관이란 사랑이나 우정, 다른 사람을 배려하는 것, 어려움에 처한 사람을 돕는 것처럼 아무리 세월이 지나도 변하지 않는 가치를 말한다. 무슨 수를 쓰든지 목표를 이루기만 하면 된다든지, 경쟁에서 이기기 위해 친구를 괴롭힌다든지, 자기만의 즐거움을 위해 남을 외면하는 내용 등은 영원한 가치라고 하기는 어렵다. 아이들 사이에 유행이라고 해서 무조건 책을 사줄 것이 아니라, 대략이라도 줄거리를 엄마가 먼저 파악해 보는 것이 필요하다.

아이의 호기심과 궁금증을 유도해 줄 수 있는 책인가

아이들의 특성은 왕성한 호기심이다. 하늘 위에는 무엇이 있는지, 땅 속에서는 무슨 일이 일어나고 있는지, 인터넷의 수많은 정보는 누가 컴퓨터 안에 앉아서 보내 주고 있는 것은 아닌지 등등 아이의 호기심은 끝이 없다. 때문에 좋은 책은 이러한 아이들의 욕구를 발전적인 방향으로 끌어줄 만한 것이어야 한다. 단순히 '이것은 이런 이유로 그렇게 되는 것이고 누가 언제 무엇을 어떻게 했다' 식의 사실 전달에만 집중하면 아이들은 책도 지겨워하게 되고 그 안의 정보마저도 금세 잊고 만다. 직접적이든 간접적이든 질문을 던져서 생각의 단서를 제공하고, 아이의 관심을 환기시켜 문제 의식을 가지게 할 수 있는 책이 좋은 책이다.

아이에게 높은 이상과 꿈을 가지게 할 만한 내용인가

아이들 중에는 감명 깊게 읽은 책의 주인공을 동일시 대상으로 삼는 경우가 있다. 그것은 주인공이 아이와 비슷한 처지에 있거나, 아이가 충분히 자기도 실천할 만하다고 생각했을 때 가능한 일이다. 너무 주인공이 초인처럼 묘사되어 아이에게 위화감을 준다거나 '나는 도저히 할 수 없는 일이야. 나는 별 수 없어'라고 상대적인 열등감을 가지게 하는 책은 좋지 않다.

아이가 지루해하지는 않는가

아이 수준에 비해 너무 어려운 책을 고르지 않도록 한다. 엄마가 보기에 교훈적이고 아이에게 알려 주는 정보가 많다고 해도 아이가 지루해 한다면 그것은 잘못된 선택이다. 우선 그림이 아이의 눈을 붙잡을 수 있는지, 글씨가 너무 작지는 않은지, 내용이 너무 많거나 장황하게 되어 있지는 않은지를 살펴본다. 잔소리가 많거나 굴곡이 없는 평이한 흐름의 이야기도 아이를 지루하게 한다.

보기 좋게 잘 만들어진 책인가

보기 좋은 떡이 먹기에도 좋다고, 이미지의 시대인 만큼 편집과 인쇄, 제본이 잘 되어 있는 책인지 꼼꼼하게 살펴본다. 아무리 좋은 책이라도 어른 책처럼 글자가 너무 빽빽하다든지 나열에 치우쳐 있다든지, 편집이 구태의연하고 그림 색상이 조악하면 아이는 그 책을 읽고 싶어하지 않는다. 아이가 읽기에 불편한 책 크기는 아닌지, 제본이 약하지는 않는지는 조금만 신경을 쓰면 얼마든지 파악할 수 있다.

믿을 만한 책인가

이는 믿을 만한 출판사에서 나온 것인지, 믿을 만한 저자의 작품인지, 공신력 있는 전문가나 사회단체 혹은 각종 언론 매체에 소개되거나 추천받은 책인지를 확인해 보라는 것이다. 이런 기관이나 전문가의 추천이 좋은 책의 필수 조건은 아니다. 하지만 수많은 책 중에 상대적으로 좀더 유익하고 좋은 책을 고르려면 이런 객관적인 평가에도 한 번쯤 관심을 기울여 볼 필요가 있다.

분량이 너무 많지 않은가

이제 학교에 들어가는 저학년 아이들이 장편 이야기를 읽어내기는 쉽지 않다. 보통 2학년 정도에서 중편의 이야기가 적당하다는 주장이 있지만, 아이의 수준과 성격에 따라 이야기의 길이를 소화하는 정도는 달라지기 때문에 모든 아이가 다 그렇다고 하기는 어렵다. 1학년이라면 그림이 풍부하게 들어간 짤막짤막한 단편 이야기 모음 정도가 적당하다.

공부에 도움이 되는가

아이가 책을 통해 정서를 순화하고 사회성을 기르는 것도 좋지만, 교육 과정에서 요구하는 지식까지 쌓아갈 수 있다면 그것은 그야말로 금상첨화다. 책읽기는 세상의 이치와 지식을 알게 해 주는 소중한 역할도 하기 때문이다. 그러므로 책을 고를 때는 감성과 지식이 조화를 이루도록 세심하게 배려해야 한다. 특히 제7차 교육과정에서는 체험과 탐구 활동을 통한 자기 주도적 학습이 매우 강조되고 있다. 교과서를 보아도 온통 '생각해 보자' '알아보자' '왜 그럴까?'라는 질문뿐이다. 이것은 현대 사회 변화에 맞는 인재를 키우기 위해 고려된 특성인 만큼 이후의 교육과정에서도 이런 원칙이나 추세는 변하지 않을 가능성이 높다. 그러므로 학년이 올라가 학습 내용이 복잡해지고 어려워지더라도 탄탄한 기반 지식을 많이 갖추고 있다면 안심이 된다. 이런 점을 생각해 국어, 수학, 과학, 사회 등 각 영역별로 학년에 맞게 읽히면 될 책들을 염두에 둔다.

아이 수준에 맞는가

아무리 좋은 책이고, 아이에게 꼭 읽히고 싶다고 해도 그것이 자기 아이의 수준이나 능력과 잘 맞는지 생각을 먼저 해야 한다. 1학년이라 해도 워낙 책을 많이 읽고 수준이 높으면 3학년 수준의 책을 읽을 수도 있다. 반면에 아직 유아의 그림책 수준에 만족하고 즐거워하는 아이가 있을 수도 있다. 획일적인 기준만 가지고 아이를 괴롭히는 것은 아닌지 항상 생각하자.

취학 전 아이들이 읽으면 좋을 책

● 학습 준비를 위해 필요한 책

❖ 읽고 쓰기와 생각하기

· 교과서 따라 바르게 쓰기 | 아이앤북 편집부, 아이앤북

· 말놀이 나라 쫑쫑 | 허은미 글, 허은미 그림, 비룡소

· 까치와 소담이의 수수께끼놀이 | 김성은 글, 김종도 그림, 사계절

· 윤석중 할아버지와 함께 하는 속담여행 1, 2 | 윤석중 글, 아이북

· 생각을 만드는 책 | 칼 필립 모리츠 지음, 볼프 에를브루흐 그림, 박원영 옮김, 아이들판

· 우물쭈물 오소리 우화 | 이윤희 지음, 배혜영 그림, 파랑새어린이

· 우리 아이 마음을 키워 주는 생각동화 | 최재숙 지음, 김삼현, 박성은, 서숙희, 신민재, 이미영, 이미정 그림, 삼성출판사

· 1학년 넌 어떻게 생각하니? | 박신식, 차보금 지음, 방정혁 그림, 채우리

· 살아 있는 모든 것은 | 브라이언 멜로니 글, 로버트 잉펜 그림, 이명희 옮김, 마루벌

· 아놀드 로벨 우화 | 아놀드 로벨 글 그림, 베틀북

· 미술관에 간 윌리 | 앤서니 브라운 글, 앤서니 브라운 그림, 웅진닷컴

· 늑대가 들려주는 아기돼지 삼형제 이야기 | 존 세스카 글_그림, 보림

❖ 수학

· 비행경주를 하다 | 샐리 휴이트 글, 새싹마음 옮김, 성우

· 어린이가 처음 만나는 수학 그림책 1 | 안노 미츠마사 글, 한림출판 편집부

· 수학아 수학아 나 좀 도와줘 | 조성실 글, 이지현 그림, 여명미디어

· 아이들과 함께 하는 놀이 수학 | 조성실 글, 우리교육

· 이상한 수학 나라의 뚱땅이 │ 방승희 글, 강효진 그림, 동녘

· 알쏭달쏭 숫자의 마법 │ 엄혜숙 글, 박송림 그림, 랜덤하우스 중앙

· 덧셈놀이-로렌의 지식그림책 3 │ 로렌 리디 글, 천정애 옮김, 미래 M&B

· 1학년 수학동화 │ 우리기획 글, 송수정 그림, 예림당

· 1, 2학년 눈높이 수학 학습동화 │ 김용란, 최향숙 글, 김용철 그림, 대교출판

· 우리 수학놀이하자! │ 크리스틴 달 글, 유혜자 옮김, 주니어 김영사

· 즐거운 이사놀이 │ 수학 그림동화 1 │ 안노 미츠마사 지음, 박정선 옮김, 비룡소

· 똑딱 – 똑딱! │ 제임스 덴버 지음, 이연수 옮김, 그린북

❖ 사회

· 사물놀이 이야기 │ 김동원 글, 곽영권 그림, 사계절

· 숨쉬는 항아리 │ 정병락 글, 박완숙 그림, 보림

· 그림옷을 입은 집 │ 조은수 글, 유문조 그림, 사계절

· 단군신화 │ 이형구 글, 홍성찬 그림, 보림

· 새야 새야 │ 조은수 글, 길벗어린이

· 아무도 모를 거야 내가 누군지 │ 김향금 글, 보림

· 나의 첫 지도책 │ 빌 보일 글, 데이브 홉킨스 그림, 장성희 옮김, 이은실 감수, 베텔스만 코리아

· 광개토대왕 │ 김아리 글, 김아리 그림, 국민서관

❖ 과학과 환경

· 선인장 호텔 │ 브렌다 기버슨 글, 미간로이드 그림, 마루벌

· 푸른 섬 검은 섬 │ 이반 간체프 글, 유혜자 옮김, 분도

· 나무하고 친구하기 │ 퍼트리셔 로버 글, 홀리 켈러 그림, 장석봉 옮김, 비룡소

· 할미꽃은 왜 꼬부라졌까? │ 보물섬 엮음, 푸른나무

· 너랑 나랑 짝꿍 할래? │ 김형자 글, 유미정 그림, 작은 거인

· **재주 많은 손** | 조은수 글, 이가영 그림, 아이세움

· **숨은 쥐를 잡아라** | 보물섬 글, 이형진 그림, 웅진닷컴

· **똥이 어디로 갔을까** | 이상권 글, 유진희 그림, 창작과 비평사

● 정서, 사회성 발달에 도움이 되는 책

· **빛은 물과 같단다** | 가브리엘 가르시아 마르케스 글, 카르메 솔레 벤드렐 그림, 송병선 옮김, 좋은엄마

· **학교에 간 개돌이** | 신나는 책읽기 1 김옥 글, 김유대, 최재은, 권문희 그림. 창작과비평사

· **나쁜 어린이표** | 웅진 푸른교실 1 황선미 글, 권사우 그림, 웅진닷컴

· **내 짝꿍 최영대** | 채인선 글, 정순희 그림, 재미마주

· **강아지 똥** | 권정생 글, 정승각 그림, 길벗어린이

· **노란 양동이** | 모리야마 미야코 글, 스치다 요시하루 그림, 양선하 옮김, 현암사

· **만희네 집** | 권윤덕 글, 권윤덕 그림, 길벗어린이

· **별을 삼킨 토토** | 이영준 글, 유승희 그림, 가교

· **황소와 도깨비** | 이상 글, 한병호 그림, 다림

· **이솝 이야기** | 이솝 지음, 중앙출판사

· **아기 캥거루가 위험해요** | 파울 마르 글, 파울 마르 그림, 유혜자 옮김, 중앙출판사

· **구렁덩덩 신선비** | 김중철 엮음, 웅진닷컴

· **학교 안 갈 거야** | 토니 로스 지음, 베틀북

· **내 이름은 나답게** | 김향이 글, 김종도 그림, 사계절

● 생활 습관에 도움이 되는 책

· **엄마. 공부가 이렇게 재미난 거였어?** │ 김숙희 글, 조선일보사

· **충치 도깨비 달달이와 콤콤이** │ 안나 러셀만 글, 박희준 옮김, 현암사

· **혼자서도 할 수 있어요** │ 노성두 글, 황지영 그림, 사계절

· **나는 고도슴치야** │ 딕 킹스미스 지음, 사계절

· **선생님은 모르는 게 너무 많아** │ 강무홍 글, 이형진 그림, 사계절

· **돈─바르게 쓰면 더욱 큰 힘** │ 로라 자페, 로르 생마크 글, 레지 팔러 외 그림, 푸른숲

· **별라와 하양투성이 공주** │ 공지희 글, 설은영 그림, 푸른책들

· **꼭 알아야 할 교통질서** │ 앙겔라 바인홀트 글·그림, 편집부 옮김, 크레용하우스

● 엄마에게 도움이 되는 책

· **내 아이와 나누고 싶은 성 이야기** │ 린다 리처드에어 글, 박찬옥 옮김, 한울림

· **차라리 아이를 굶겨라 1, 2** │ 다음을 지키는 엄마 모임 글, 시공사

· **안 돼 엄마 싫어 아이 평화롭게 싸우는 방법** │ 돌로레스 카렌 글, 이영미 옮김, 아이북

· **자신의 생각을 잘 표현하는 아이로 키워라** │ 원종배 글, 아이북

· **언제까지나 너를 사랑해** │ 로버트 먼치 글, 안토니 루이스 그림, 북뱅크

· **소중한 것은 사라지지 않는다** │ 작은 것이 아름답다 편집, 마가을

· **아들, 제대로 알고 잘 키우기** │ 야마자키 마사야스, 카나모리 우라코 글, 김숙 옮김, 북뱅크

· **365일 TV 멀리하기 놀이** │ 스티브 루스베넷 글, 조한중 옮김, 하서출판사

· **초등학생 학습혁명** │ 김숙희, 송숙희 글, 조선일보사

부록 II >>>

일주일 생활 점검표

행동	월	화	수	목	금	토	엄마의 의견
약속한 대로 아침에 일어나기							
아침밥 먹고 학교가기							
스스로 옷 입고 가방 챙기기							

잘했어요: ○ 잘한 점만 부각될 수 있도록 못 했을 때는 아무런 표시를 하지 않는다.

_____의 일찍 자고 일찍 일어나기 서약서

1. 나는 ____시 ____분에 일어나겠습니다.

2. 아침에 일어날 때 엄마한테 짜증부리지 않겠습니다.

3. 아침밥 먹고 혼자서 옷 입고 책가방 챙기고 학교에 가겠습니다.

년   월   일

이름

준비물 체크리스트

빠뜨리지 않고 학교 준비물을 다 챙겼나요?

1. 미술재료나 체육복 등 각종 수업 준비물

2. 숙제

3. 교과서, 알림장

4. 기타

준비물

❖ 수 가르기와 모으기 판

활용법 | 수 가르기와 수 모으기는 수 개념을 익히는데 매우 중요한 과정이다. 수 가르기와 수 모으기 판에 실제로 물건을 놓고 다양한 활동을 시킨 후 숫자 카드 놓는 곳에 숫자를 놓게하면 재미있게 수 개념을 배울 수 있다.

구체물 놓는 곳

숫자 카드 놓는 곳

구체물 놓는 곳

숫자 카드 놓는 곳

활용법 | 놀이학습으로 덧셈, 뺄셈을 해볼 수 있는 숫자 카드이다. 문방구에 가서 코팅을 한 후 가위로 잘라서 사용하면 영구적으로 사용할 수 있다. 아이 스스로 숫자로 덧셈, 뺄셈식을 만들어 볼 수도 있고 엄마가 덧셈식 카드, 뺄셈식 카드를 보여주고 아이에게 답을 맞춰보게 하는 게임도 해줄 수 있다.

❖ 숫자 카드

1	2	3	4	5
6	7	8	9	0

❖ 기호 카드

+	−	=

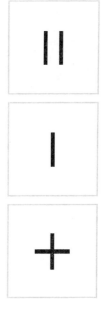

1+1	2+1	3+1	4+1	5+1	6+1	7+1	8+1
1+2	2+2	3+2	4+2	5+2	6+2	7+2	
1+3	2+3	3+3	4+3	5+3	6+3		
1+4	2+4	3+4	4+4	5+4			
1+5	2+5	3+5	4+5				
1+6	2+6	3+6					
1+7	2+7						
1+8							

1-1

2-2 2-1

3-3 3-2 3-1

4-4 4-3 4-2 4-1

5-5 5-4 5-3 5-2 5-1

6-6 6-5 6-4 6-3 6-2 6-1

7-7 7-6 7-5 7-4 7-3 7-2 7-1

8-8 8-7 8-6 8-5 8-4 8-3 8-2 8-1

9-9

아이와 함께
시리즈4

아이들의 잠

일찍 재울수록 건강하고 똑똑하다

마크 웨이스블러스 박사 | 김지현 옮김

25년간 유아들의 잠을 연구해온
저명한 소아과 전문의이자 네 아들의 아버지인
마크 웨이스블러스 박사가

똑똑하고 행복한 아이로 키워주는
건강수면법을 명쾌하게 제시하고 있다.

아이북

이 세상에 아이만큼 사랑스런 존재는 없다.
하지만 아이를 키우는 엄마들은
잠든 아기를 바라볼 때가 가장 행복하다.

— 랄프 왈도 에머슨

우리 아이, 행복하게 잘 재우는
마크 웨이스블러스 박사의 '건강수면법 7계명'

1계명　늘 지금보다 일찍 재워라

내가 내리는 처방은 아주 간단하다. '늘 지금보다 일찍 재우라'는 것이다. 일찍 재우면 다음날 아침 일찍 깨는 일도 없어지고 낮잠 시간도 더 길어진다. 이것은 25년간의 임상 경험과 아울러 실제로 아들 넷을 키우면서 얻게 된 결론이다.

2계명　아주 어렸을 때부터 일찌감치 수면 훈련을 시켜라

생후 몇 주만 지나면 부모가 아이의 수면 리듬을 잘 파악해서 잠자는 습관을 들여줄 필요가 있다. 어려서부터 일찍 수면 훈련을 시키면 여러 가지 수면장애를 예방할 수 있다.

3계명   아이의 시계가 되어라

어느 부모든지 잘못된 수면습관을 갖지 않도록 바로잡아줄 수 있다. 그러려면 우선 '아이의 수면 리듬'과 '아이를 재우는 타이밍'을 일치시켜야 한다. 타이밍을 완벽하게 맞출 수 있다면 아이들은 결코 울지 않는다. 이 책을 쓰는 목적도 바로 여기에 있다. 즉, 모든 부모가 아이의 수면 타이밍을 정확히 파악해서 수면이상과 관련된 문제들을 해결하는 것이다.

4계명   혼자 울게 내버려둬라

아이가 밤에 운다고 해서 두려워하지 마라. 아이는 '잠드는 연습'을 하는 중이기 때문이다. 이런 울음이 혹시 정서적으로 문제를 일으키지 않을까 하는 염려도 접어두기 바란다. 아이가 운다는 사실 자체만으로는 절대로 그런 일이 일어나지 않는다. 이에 관해서는 내가 확실히 증명할 수 있다.

5계명   말을 아끼고 행동으로 보여주어라

아이한테 오늘부터 우리 집에 새로운 규칙이 생겼음을 알린다. "잠잘 시간이 되면 자리에 눕는다. 그리고 절대로 아침이 될 때까지 침대 밖으로 나오는 일이 없어야 한다." 아이를 재우러 갈 때는 반드시 침묵을 지킨다. 왜 잠을 자야 하는지 자꾸 설명하다보면 아이들은 더욱 관심을 끌기 위해 침대 밖으로 나오고 싶어한다.

6계명　아이에게 쏟던 관심을 줄여라

3세 이상이 되면 잠잘 때 더 이상 짜증을 부리지는 않지만 엄마를 자꾸 불러대고 안아달거나 입맞춰달라고 요구하며 어둠에 대한 두려움을 갖게 된다. 이럴 땐 좀더 냉정하게 대할 필요가 있다. 그 대신 아이가 수면 규칙을 잘 지켰을 때는 아이가 기분 좋게 규칙을 따르도록 자주 상을 준다.

7계명　수면일기를 써라

수면일기는 부모의 실제 행동과 아이의 실제 반응을 알아보는 데 도움이 많이 된다. 그리고 아이가 언제 잠들고 싶어하는지, 어떻게 잠드는지를 일목요연하게 보여주는 도구로 활용할 수 있다.